本书受中国工程院与地方合作项目"吉林省人工智能产业发展战略研究"资助

张肃 黄蕊 著

产业转移与
区域经济平衡

Industrial Transfer and Regional Economic Balance

社会科学文献出版社
SOCIAL SCIENCES ACADEMIC PRESS (CHINA)

目　录

第一章　产业转移与区域经济平衡研究的必要性 …………… 1

　　第一节　产业转移与区域经济平衡研究的现实意义 ……… 1

　　第二节　产业转移与区域经济平衡研究的成果述评 ……… 8

第二章　产业转移与区域经济平衡研究的理论基础 …………… 23

　　第一节　后发优势理论 ……………………………………… 23

　　第二节　资源配置理论 ……………………………………… 31

　　第三节　区域经济发展理论 ………………………………… 40

第三章　新资源配置理论构建的必要性分析 ………………… 57

　　第一节　传统创新资源配置理论的失效 …………………… 57

　　第二节　基于后发优势理论视角的传统创新资源配置

　　　　　　方式的缺陷 ……………………………………… 69

　　第三节　新资源配置理论构建的必要性 …………………… 73

第四章　我国区域经济非平衡的典型化事实 ………………… 76

　　第一节　我国区域经济非平衡的形成原因 ………………… 76

　　第二节　我国区域经济非平衡的测算 ……………………… 79

第五章 产业转移对我国区域经济平衡的影响机制 …………… 89

第一节 产业转移对我国区域经济平衡影响的实证分析 …… 89

第二节 产业转移对我国区域经济平衡影响的制约因素 …… 104

第六章 我国区域发展政策与产业转移政策 ……………… 109

第一节 我国区域发展政策基本内容与脉络进程 ………… 109

第二节 我国区域发展政策存在的主要问题 …………… 127

第三节 我国产业转移政策基本内容与脉络进程 ………… 132

第四节 我国产业转移政策存在的主要问题 …………… 153

第七章 国外产业转移实践 ………………………… 157

第一节 美国产业转移实践分析 ………………… 157

第二节 日本产业转移实践分析 ………………… 166

第八章 构建有效的区域经济平衡发展新机制 ………… 179

第一节 新机制的内涵与特征 …………………… 179

第二节 新机制的构建逻辑 ……………………… 181

第三节 新机制的构建 …………………………… 182

第九章 区域经济平衡发展的实现路径 ……………… 188

第一节 区域经济平衡充分发展的原则 …………… 188

第二节 基于不同层面的实现路径 ……………… 191

第三节 政策保障 ………………………………… 198

参考文献 ……………………………………………… 203

第一章
产业转移与区域经济平衡研究的必要性

第一节　产业转移与区域经济平衡
研究的现实意义

　　"中国特色社会主义进入新时代"，党的十九大报告做出的这一重大新论断，明确了我国发展新的历史方位。经过60多年的发展特别是40年的改革开放，中国社会已经告别贫困、跨越温饱，即将实现全面小康，社会生产力水平也发生了根本性的变革，中国特色社会主义制度逐渐成熟。这一切有目共睹的巨变都向世界昭示着中国特色社会主义进入新时代，社会主要矛盾相应发生了变化。

　　习近平总书记在党的十九大报告中表明，"中国特色社会主义进入新时代，我国社会主要矛盾已经转化为人民日益增长的美好生活需要和不平衡不充分的发展之间的矛盾"，因此，必须认识到，我国社会主要矛盾的变化是关系全局的历史性变化，对党和国家工作提出了许多新要求。我们要在继续推动发展的基础上，着力解决好发展不平衡不充分问题，大力提升发展质量和效益，更好地满足人民在经济、政治、文化、社会、生态等方面日益增长的需要，更好地推动人的全面发展、社会全面进步。

中共中央党校的辛鸣教授在公开解读中国发展的不平衡不充分时指出：目前，我国发展的不平衡主要体现为领域不平衡、区域不平衡、群体不平衡。区域不平衡主要是指东中西不平衡、城市与农村不平衡、发达地区与欠发达地区不平衡，甚至城市内部、发达地区内部、农村内部的不平衡现象也不在少数。发展的不充分主要指整个社会的发展态势缺乏稳定性、发展总量不足、发展程度较低。我国发展的不充分在方方面面均有体现，处于发展不平衡低端的那部分固然发展不充分，而处于发展不平衡高端的那部分也存在发展不充分。

辛鸣教授在阐述发展"不平衡"与"不充分"时指出："不充分"是"不平衡"产生的客观基础。我国当前的客观实际是，经济社会已经发展起来了，但并不充分，在不实际的发展理念及不恰当的体制环境下，发展不平衡的问题就会加剧。"不平衡"会反过来加剧"不充分"。此时，位于发展强势一侧的社会群体过多占用稀缺资源，从而进一步加剧了位于发展弱势一侧社会群体的不充分甚至稀缺的感受。因此，树立全新发展理念成为当务之急，应从全局角度考量发展、谋划发展，并格外注重区域、城乡协调以及社会群体间的平衡及经济社会其他方面的协调性，此乃解决发展不平衡最有效、直接的途径。

我国幅员辽阔、人口众多、资源丰富，各地生产力发展水平、经济技术水平和社会发展基础差异颇大，区域发展问题始终是我国经济发展面对的核心、重大问题。自改革开放以来，我国始终奉行"效率优先，兼顾公平"的资源配置模式。追本溯源，这一资源配置理念遵循了传统资源配置理论——梯度转移理论。所谓"梯度转移"，是指产业、要素资源从相对发达的高梯度地区向落后地区流动，通过资源的优化配置，提高吸纳方的创新禀赋及技术水平，从而带动落后地区发展的过程。

梯度转移的本质是要素在空间范围内的再配置，具体运行方式如下：由于地理位置等先天条件的差异以及不同的政策支持程度，区域间的经济水平必然存在层级差，高梯度地区具有充足的生产要素、较强的资源配置能力，不断提高自身的技术水平和生产效率，低梯度地区则囿于技术落后，难以充分激发资源的潜力，进步速度远不及高梯度地区；高低梯度地区之间经济势能差的扩大，使高梯度地区对资源更具吸引力，落后地区的优质资源将继续涌至高梯度地区，资源的逆梯度流动进一步巩固了高梯度地区的经济实力，低梯度地区的资源却愈加匮乏，加之基础设施薄弱、配置能力有限，其易于陷入发展瓶颈，经济发展长期止步不前；根据资源在空间的集散规律，资源在高梯度地区不断累积，为提高利用效率并优化资源配置，溢出的资源逐渐扩散至低梯度地区，实现资源顺梯度转移，这不仅有助于推动落后地区走出发展困境，还对高梯度地区产业层次的升级具有促进作用。借助梯度转移对各个地区经济的发展进行有序引导，低梯度地区历经"要素流失—发展迟缓—技术吸引—高速发展直至成熟"的前进过程，高梯度地区则形成"要素吸引—产业成熟—要素扩散—产业升级"的发展路径，进而实现了不同梯度地区的共赢。

在我国，以陈栋生为代表的区域经济学者以梯度转移理论为基石展开了对东、中、西部三大地带划分的构想。他们以梯度转移理论为指导，将全国划为三大经济地带，即东部发达地区、中部欠发达地区以及西部不发达地区。东、中、西部地区的经济技术梯度差异不仅体现在经济水平层面，还在经济结构及对外开放程度方面表现得淋漓尽致。客观来看，东部地区的对外开放程度广泛高于中部地区，中部地区又广泛高于西部地区，于是便出现了东、中、西部地区梯度发展的局面[1]。

---

[1] 陈栋生：《中国区域经济发展的新格局——改革开放 30 年回顾与前瞻》，《南京社会科学》2009 年第 3 期，第 21～28 页。

我国的梯度推进政策，在客观存在的梯度基础上因势利导，充分发挥地区间梯度差的经济势能，优先发展东部沿海地区，在东部沿海地区率先实行开放战略，中央实施向东部沿海地区倾斜的区域政策，即鼓励这部分地区先富起来，集中了全国的人力、物力、财力发展经济基础较好、区位条件优越的东部沿海地区，使相应资源得到有效利用，促进东部沿海地区优先发展。根据梯度转移理论，即依照先东部地区后中部地区再西部地区的顺序，先令部分地区发展起来，以带动欠发达地区发展，从而实现共同发展，即由高梯度地区逐渐向低梯度地区推移①。

制定并实施区域发展战略是基于我国东部沿海地区优良的经济基础和国家实际财力的支撑，以及对世界经济形势的准确把握。东部沿海地区率先发展，提高了我国的综合国力、国民经济效率及国际竞争优势。事实上，东部沿海地区经济的迅猛发展是集全国优势资源而取得的，是建立在中部地区和西部地区付出巨大代价的基础之上的。经过多年的发展，东部地区、中部地区、西部地区的职能分工已经明确，东中西三大地带之间建立了以产业的纵向联系为特征的联系。我国出现这种区域经济格局源于不同地区间资源禀赋的差异，也是实施区域发展战略的结果。

与改革开放之前相比，东中西三大地带联系的强度明显增大，联系的方向明显多元化，但是受到政策倾斜和产业结构差异的影响，区域联系仍以东西向为主要指向，资金、技术、物质、人才均向东部沿海地区快速集聚，东部地区规模经济得以迅速形成。然而在东部地区经济集聚的过程中，预想中的东部地区向中西部地区的产业转移不多，中西部地区的内部经济联系也明显偏少。从 20 世纪末开始，我国政府逐渐制定并有序实施了西部大开发战略、振兴东北老

---

① 余付环：《集群式产业承接悖论与后发地区产业承接政策优化》，吉林财经大学硕士学位论文，2018。

工业基地战略、促进中部崛起战略，以促进区域经济平衡发展。从总体上来看，我国东中西各个地区的城乡居民生活不断改善，基础设施建设、社会保障体系、收入增长率都稳步推进、完善与提升，但是在实际的发展过程中，中西部地区经济和社会发展水平与东部地区还有不小的差距。国家统计局数据显示：2017 年广东省地区生产总值为 89705.23 亿元，而同年西藏自治区地区生产总值仅为 1310.92 亿元；2017 年广东省规模以上工业企业单位数为 47203 个，而同年西藏自治区规模以上工业企业单位数仅为 116 个。

东部沿海地区作为高梯度地区，投资与政策双重倾斜、创新环境优良、资源配置效率突出，在市场力量的驱动下，低梯度地区的高级生产要素加速向东部沿海地区转移并集聚。这种创新资源的转移使作为高梯度地区的东部沿海地区生产能力和效率提升，实现了创新资源的循环积累。创新资源达到一定的密度和规模，形成极具创造性的团队，加之高技术含量产品项目的引进和产业结构的及时调整，会对创新资源产生巨大的吸引力，使创新资源在高梯度地区不断集聚，产生创新极化效应[1]。与之相应的高梯度地区创新资源集聚的扩散效应却显得微乎其微。所预料的东部发达地区产业向中西部地区大规模转移的现象尚未如期而至，在各级政府优惠政策的指引下，不同地区间产业梯度转移没有发生，中西部地区在承接产业转移的过程中尚未出现应有的产业升级。

另外，中西部地区作为低梯度地区，由于基础设施薄弱、科技水平低、市场意识落后等原因，经济发展水平与东部沿海地区之间存在较大差距。由于资本的抽离、人才的流失，低梯度地区创新资源的自发式外逃对其经济发展而言无异于雪上加霜，低梯度地区逐渐丧失吸引创新资源回流的有效手段。与之相应，低梯度地区创新

---

[1]　雒海潮、苗长虹：《承接产业转移影响因素和效应研究进展》，《地理科学》2019 年第 3 期。

配套设施建设滞后，技术承接能力不足，对高梯度地区的技术难以消化吸收。理论层面，高低梯度地区间要素转移的对称性补偿机制难以在现实中得以建立。我国经济发达地区出现了显著的"创新极化"现象，欠发达地区出现了显著的"创新资源空心化"现象。发达地区与欠发达地区间的差距逐渐拉大，区域经济的趋异化发展正加剧经济的"马太效应"。传统资源配置理论存在现实失效的情形。

落后地区实现经济追赶的有效途径是什么？经济史学家 Gerchenkron 给出了答案。他认为，落后本身就是一种巨大的潜在优势，落后地区可以通过技术引进与模仿，降低创新风险，将其作为自身经济发展的特殊的有利条件，更快地实现经济社会的进步。后发优势理论阐释了落后地区在工业化进程方面赶上乃至超过发达地区的可能性[1]，也即，就我国中西部地区而言，其在劳动力、技术、制度以及产业结构等方面与东部沿海地区之间存在差距，可以借鉴东部沿海地区的经验与教训，有效利用东部沿海地区的先进技术，使其在经济发展过程中节省时间和资源、减少和降低风险和成本，实现经济的快速发展，缩小与东部沿海地区之间的差距。因此，培育并激发中西部地区的后发优势，将成为我国解决区域经济非平衡与非充分矛盾的重要手段[2]。

然而，实践中，后发优势被成功激发存在苛刻的前提。方大春指出落后地区需要拥有足够的技术与制度承接能力，才能实现经济追赶[3]。这意味着，技术承接能力和制度承接能力缺一不可，是落后

---

① Gerchenkron, A., *Economic Backwardness in Historicol Perpective* (Cambridge, Mass.: Harvard University Press, 1962): 120 – 176.

② 观点引自罗浩、刘志铭《区域经济平衡发展与不平衡发展的动态演变》，载《中国人民大学中国经济改革与发展研究院会议论文集》，2003，第9页。

③ 方大春：《后发优势理论与后发优势转化》，《生产力研究》2008年第17期，第21～23页。

地区后发优势得以释放的两大重要前提。就技术承接能力而言，技术引进、消化与吸收都需要把高端人才与配套培训作为必要的保障。落后地区通过效仿等难以从本质上实现经济技术的突破，需要依靠人力投入与智力支撑，向创新阶段过渡。然而现实情况是广大中西部地区由于产业不发达、高端人才外流、创新资源逃离，且主要承接劳动密集型和资源密集型产业，导致产业被低端锁定，对部分高污染、高耗能产业的承接甚至会对其长期发展产生不利影响。就中西部地区而言，削弱了技术承接能力，抑制了后发优势的释放。就制度承接能力而言，作为经济增长的内生变量，制度构建与完善的过程是循序渐进的。落后地区若只进行先进制度的简单引入，则难以形成有效的配套机制以契合当下的经济发展趋势，即产生"制度夹生"现象[1]。中西部地区硬环境与软环境建设相对滞后，会导致创新资源无法在现有制度下进行良性配置，高梯度地区的技术反馈与溢出无法得到配套性扶持政策的支持，抑制落后地区的后发优势释放。可见，无论在制度上还是技术上都未对承接创新资源有充分的准备，后发优势的两大重要前提未能实现。

综上所述，我国社会主要矛盾的化解需要依靠后发优势。然而现实中，后发优势却受到传统资源配置机制的限制，无法完全激发。因此，依托后发优势对社会主要矛盾进行化解，要先优化现有的资源配置机制。优化资源配置机制，通过创新资源的共享以及区域创新网络的建设实现资金、技术等要素从高梯度地区向低梯度地区流动。构建合理的对称性补偿机制，使高梯度地区形成良好的"极化—涓滴"效应，从而惠及落后地区，使落后地区能够借助政策引导，获得更多的创新资源。同时，通过对资源配置方式的调整，落后地区可以进行制度改良，避免技术引进过程中的制度夹生；伴随

---

[1]　何宜庆、吴铮波、陈睿：《制造业产业转移、环境规制对城镇化扩张的生态效率影响》，《统计与决策》2019 年第 7 期，第 145～148 页。

着资源、人才与资金的引入，提高其承接能力，激发后发优势潜能，从而实现赶超。缩小我国不同梯度地区之间日益显著的经济差距，实现区域协调发展，从而化解社会主要矛盾。

第二节　产业转移与区域经济平衡研究的成果述评

一　国内外有关产业转移的研究述评

产业转移的研究视角始于国际的产业转移。美国经济学家刘易斯（W. Arthur Lewis）认为，二战后，发达国家工业迅猛发展但人口增长率接近于零，从而导致非熟练劳动力无法满足市场的需求，因此20世纪60年代发达国家的劳动密集型产业向发展中国家进行转移[1]。刘易斯教授将比较优势理论应用在区域转移的研究领域，针对劳动密集型产业的转移展开了深入探究，并得出由于发达国家的人口总量呈下降趋势，劳动力出现供应缺口，产生的连带反应使劳动力成本不断攀升，致使劳动密集型产业原有的比较优势渐渐丧失，因此该产业需向劳动力成本相对较低的发展中国家转移。同时，劳动密集型产品从发展中国家进口，也有助于促进国内产业结构的优化升级。关于上述问题，刘易斯教授对劳动密集型产业转移的原因展开简要论述，但尚未给出产业转移的完备理论，整体来看，他对产业转移现象的解释力还有所欠缺[2]。

20世纪70年代末，约翰·邓宁（John Dunning）提出了国际折

---

[1]　W. Arthur Lewis, "The States of Development Theory," *The American Economic Review*, 1984（74）: 1 – 10.

[2]　观点引自宋衍涛《对中国区域经济平衡发展的理性思考》，《理论导刊》2007年第10期，第21～23页。

中理论，该理论认为区位优势、所有权优势和内部化优势是企业进行外部投资时应具备的三个必要优势，区位优势是吸引企业进行投资和建厂的重要条件，而所有权优势和内部化优势是企业进行跨国投资必须具备的优势。企业的跨国投资决策由这三种优势决定。由于对外进行投资会引起地区之间产业的转移，因此国际折中理论成为产业转移理论的一部分。

Prebisch 从发展中国家的视域对产业转移理论展开论述，并指出发展中国家亟待发展，但此种发展使命往往给发展中国家带来巨大压力，发展中国家倾向实现工业化，即采用进口替代战略，这同时也是产业梯度转移的源泉[①]。美国经济学家 Vernon 提出了著名的产品生命周期理论，该理论的问世，也揭开了产业转移现象的面纱。Vernon 指出，投资国在发展中，掌握前沿技术是第一要务，当发达国家渐渐具备此类优势后，即对该技术不再具有领先优势时，其就会流入发展中国家，Vernon 基于动态视角，对两国或多国之间的产品生命周期的传递过程展开细致探讨[②]。

J. H. Thompson 提出了区域生命周期理论，并将其运用到区域经济学的研究中，该理论成为产业在国与国之间转移的重要根据[③]。与此同时，美国当时制造业的对外直接投资状况与生命周期理论的三段模式吻合。Moore 和 Rhodes 对英国产业转移的问题展开了一系列研究后得出，承接地的工资水准、优惠政策支持力度等是影响产业转移与承接的关键因素[④]。

---

① Prebisch, "The Economic Development of Latin America and Its Principal Problem," *Economic Bulletin for Latin America*, 1961.

② Vernon, R., "International Investment and International Trade in the Product Cycle," *The Quarterly Journal Economics*, 1996: 190 – 207.

③ J. H. Thompson, "Theoretical Thoughs on the Geography of Manufactaring Industry," *Economic Geography*, 1966.

④ Moore, B., Rhodes, J., "Regional Economic Policy and the Movement of Manufacturing Firms to Development Areas," *Economica*, 1976, 43: 17 – 31.

产业转移可被视为 20 世纪以来世界经济不断发展变化的重要现象之一，我国学者于 20 世纪 90 年代初开始对有关产业转移的理论展开系统研究，直至 90 年代中后期才逐步厘清了产业转移的研究思路。国内学者主要将研究集中于国与国之间产业转移的变化趋势、区域产业转移与经济平衡发展的相关问题、产业梯度转移的理论分析与实证检验以及对"反梯度"理论的验证、产业转移与产业结构优化升级的问题及二者间的互动关系等[1]。国内最早研究产业转移问题的学者是卢根鑫，他基于马克思主义政治经济学理论的视角对国际的产业转移问题展开探究，但他的研究范围并没有涉及国内区域间的产业转移[2]。

伴随我国东部沿海地区日新月异的发展，市场经济体量迅猛上涨，经济体制稳步确立，同时我国对外开放战略也逐步推进。在此综合经济背景下，东部沿海地区的生产要素的价格逐年攀升。这致使部分东部沿海地区逐渐丧失了传统产业的比较优势，产业转移正潜移默化地进行。我国学者也纷纷开始对区域产业转移问题进行深入探究[3]魏后凯指出，伴随我国西部大开发战略的不断深入，中西部部分地区极有可能借助其自身良好的条件异军突起，一举成为新的经济发展区域[4]。与此同时，市场竞争优势建立的表现是生产禀赋逐渐向优势企业及地区集聚，这也将使我国的工业布局发生从分散到集中的改变。

祖强指出，发展中国家需要寻找并创造新竞争优势，发展中国家仅仅依赖传统的比较优势展开产业转移与优化升级显然已经落

---

① 李春梅、王春波：《产业转移理论研究述评》，《甘肃理论学刊》2015 年第 3 期，第 138～141 页。

② 卢根鑫：《国际产业转移论》上海人民出版社，1997。

③ 观点引自陈建衡《区域经济平衡协调发展探讨》，《商业时代》2011 年第 30 期，第 134～135 页。

④ 魏后凯：《加快西部大开发要有新思路》，《经济学家》2000 年第 2 期，第 14～19 页。

后①。刘满平强调，区域间的经济发展程度的差别性、产业结构的梯度性以及要素禀赋的互补性是区域间展开产业转移的客观基础与保障②。

诸多学者一致认为，产业转移是发达地区的部分企业在谋求发展的过程中为发挥比较优势而在不同地区顺应与转变，而这些企业借助跨地区直接投资、创建分厂、工厂迁移等途径，将部分产业转移到欠发达地区③。伴随经济的发展，产业转移是企业对区位不断选择的过程中衍生出来的一种经济现象，在产业所处生命周期阶段性变化和经济不断发展的前提下④，企业由于受人力成本、要素价格、运输与存储成本等因素的影响，进行成本与收益之间的度量⑤。

除上述对产业转移理论的相关探究外，我国学者还借助中国产业转移的客观数据展开了多层次、多角度的实证分析，力求总结出产业转移的重要特征与形成机制等。较为典型的如下。桑瑞聪等在分析长三角与珠三角地区 2000～2010 年 312 家工业上市公司在中国30 余个省份的投资数据的基础上，分别利用 Logit 与 Tobit 模型从本土企业的微观角度解读区域产业转移的动力机制⑥。刘红光等基于广义的区域产业转移视角，借助区域投入－产出模型从定量角度对我

① 祖强：《世界产业结构调整和发展中国家主导产业的演替》，《湖北行政学院学报》2002 年第 3 期，第 35～39 页。

② 刘满平：《"泛珠江"区域产业梯度分析及产业转移机制构建》，《经济理论与经济管理》2004 年第 11 期，第 45～49 页。

③ 郑燕伟：《产业转移理论初探》，《中共浙江省委党校学报》2000 年第 3 期，第 19－22 页。

④ 余朝庆：《考虑非期望产出的皖江城市带承接产业转移效率研究——基于 SBM 模型分析》，重庆大学硕士学位论文，2016。

⑤ 王丹宇：《产业转移作用机制的理论阐释》，《新疆社会科学》2014 年第 5 期，第 27～32 页。

⑥ 桑瑞聪、刘志彪、王亮亮：《我国产业转移的动力机制：以长三角和珠三角地区上市公司为例》，《财经研究》2013 年第 5 期，第 99～111 页。

国 2007~2010 年省域产业转移展开了细致的分析，进一步揭示了我国区域产业转移的阶段性特点，即高端产业仍旧主要聚集在东部地区，低端产业正逐步从经济发达的东部地区向中西部地区转移①。另外，他们指出东部地区内部规模庞大的产业转移现象屡见不鲜，即从长三角地区向京津冀鲁等区域进行产业转移。最后，总结出区域产业转移的 4 种类型，包括原料指向型、投资拉动型、集聚依赖型、成本驱动型，并分析了中国区域产业转移的梯度模式，总结出不同类型产业区域转移的机理。张建伟等借助聚类分析、赫芬达尔指数、ESDA 以及回归分析等对河南省多个地区承接产业转移的空间差异性及形成机制展开探讨，最终有理有据地对河南省产业转移承接方向提出了有针对性的对策②。

二 国内外有关区域经济平衡充分发展的研究述评

对于区域发展相关理论的探究始于第二次世界大战后的欧洲，学术界统一认为区位理论是区域发展理论的基石，如早期冯·杜能（Thanen）的农业区位论③、韦伯（Weber）的工业区位论④及克里斯塔勒⑤（Christaller）与勒施（Losch）⑥的中心地理论等。区域经济的不均衡性普遍存在于世界各国的发展历程中，从地理空间角度来

① 刘红光、王云平、季璐：《中国区域间产业转移特征、机理与模式研究》，《经济地理》2014 年第 1 期，第 102~107 页。
② 张建伟、苗长虹、肖文杰：《河南省承接产业转移区域差异及影响因素》，《经济地理》2018 年第 3 期，第 106~112 页。
③ 〔德〕约翰·冯·杜能：《孤立国同农业和国民经济的关系》，吴衡康译，商务印书馆，1986
④ 〔德〕阿尔弗莱德·韦伯：《工业区位论》，李刚剑、陈志人、张英保译，商务印书馆，2010。
⑤ 〔德〕沃尔特·克里斯塔勒：《德国南部中心地原理》，常正文、王兴中等译，商务印书馆，2010。
⑥ 〔德〕奥古斯特·勒施：《经济空间秩序——经济财货与地理间的关系》，王守礼译，商务印书馆，2017。

看，经济增长并不呈均匀的发展态势①。区域经济的发展通常由非均衡的增长极通过"扩散效应"②以及"梯度转移"③逐渐向平衡方向发展，与此同时，区域经济空间格局不断优化。

威廉姆森在获取 24 国 1940～1961 年的经济数据后，测算了 7个国家人均收入水平的区域化差异程度④。实证结果显示，伴随经济发展及收入水平的逐渐提升，区际不平衡程度大致表现出先扩大随后再缩小的倒"U"形趋势。由此看来，在区域经济发展的初期阶段，增长的不平衡性不断提高，同时区际人均收入水平差距也随之扩大。但基于长远视角来看，区域经济发展及人均收入水平均不断向均衡方向靠拢。事实证明，第二次世界大战后，发达国家间的区域差异程度不断降低，而发展中国家间的区域差异程度则有所提高。令区域差异的倒"U"形变化趋势与本国的经济发展阶段有机联系起来，有助于理性认识现在处于发展阶段的中国所呈现的东西部地区差距逐步扩大的事实。Zhang 和 Flemingham 发现中国创新极化地区的技术扩散速度极为缓慢，而欠发达地区在持续进行资源输出的同时，并未获得对称性补偿⑤。因此，区域创新资源也存在"马太效应"，这将逐步引致落后地区"创新极化陷阱"形成。

党的十九大报告中，习近平总书记多次提及不平衡不充分的经济发展问题，由此可见社会主要矛盾的解决已成为新时期我国经济

① Perroux F. , "Economic Space: Theory and Application," *The Quarterly Journal Economics*, 1950, 64 (1): 89 - 104.

② Mydal G. , *Economic Theory and under-Development Regions* (London: Duekworth, 1957).

③ Vernon, R. , "International Investment and International Trade in the Product Cycle," *The Quarterly Journal Economics*, 1996: 190 - 207.

④ Willamson J. G. , "Regional Inequality and the Process of National Development: A Description of the Patterns," *Economic Development and Cultural Charge*, 1965.

⑤ Q. Zhang, B. Felmingham, "The Role of FDI, Exports and Spillover Effects in the Regional Development of China," *Journal of Development Studies*, 2002, 38 (4): 157 - 178.

工作的重中之重。然而，我们仍需要独立、辩证地看待发展不平衡和不充分。发展不平衡，意味着经济社会体系结构的比例关系不合理、包容性不足和可持续性不够，尤其表现在区域发展非协调问题上。

区域资源禀赋时刻发生变化，而创新要素集中流向特定地区的"极化现象"，也正是区域经济差距收敛性弱化的可能原因。周密对中国区域创新极化程度进行了测算，结果表明，东部沿海地区与京津冀经济圈均已形成稳固的创新极，但极化过度反补不足已引致周边地区呈现显著的创新资源空心化趋势[1]。

自20世纪50年代美国经济学家Schultz从人力资本角度解释经济增长开始，人力资本也被运用到区域经济理论中。我国学者也有借助人力资本理论来解读区域经济差异化根源的。人力资本禀赋是造成区域差距的最初原因，人力资本存量越高的地区，在经济增长过程中越拥有较高的经济增长速度[2]。我国欠发达的西部地区进行低水平的投入，往往导致有限的人力资本投资更青睐产生短期效益的生产部门，而非拥有长期效益的教育部门。因此，欠发达的西部地区无法提高人力资本的积累水平[3]。与此相反，拥有较大人力资本存量的发达的东部地区，因持续加大教育投入力度而累积雄厚的人力资本，同时借助生产过程中的"干中学"效应聚集高层次人力要素，使东西部地区的发展差距渐渐扩大[4]。

---

① 周密：《我国创新极化现象的区域分布与极化度比较》，《当代经济科学》2007年第1期，第78~82页。

② 蔡昉、都阳、王美艳：《人口转变新阶段与人力资本形成特点》，《中国人口科学》2001年第2期，第19~24页。

③ 观点引自朴哲范、缪彬彬、张伟恩《区域经济创新发展能力评价研究——以浙江省为例》，《河北经贸大学学报》2019年第3期，第87~93页。

④ 沈坤荣、马俊：《经济增长的收敛性：一个理论分析框架》，《江苏行政学院学报》2002年第3期，第52~59页。

资本的流动性以及总体规模对区域经济差距的形成具有显著影响①，这主要是由于自改革开放提出后到西部大开发战略实施前，我国固定资产的投资均普遍青睐东部地区。另外，从资本的整体流动性观察，无论是国内的资本流动，还是外资的流动，尤其是 FDI 的流动，整体趋势均是向东部偏移的。

孟祥林指出我国东西部差距不断扩大并产生了双面影响，其中负面影响如西部地区陷入贫困的恶性循环，诱发和激化我国转轨时期经济发展过程中的矛盾和问题等；同时积极影响如让基础条件较好的东部地区先发展起来，可借助其比较优势，在短期内提升全国的经济体量及综合竞争力，他指出加强区域经济合作是缓解东西部差距拉大的有效措施②。

徐康宁、韩剑针对我国区域经济的"资源诅咒"效应展开详细论述。经数据分析得出，我国自然资源与经济增长呈现负相关变化，我国的"资源诅咒"效应是存在的，即自然资源较为充裕的中西部地区的经济发展远远滞后于自然资源较为匮乏的东部沿海地区。最后，他们借助"资源诅咒"的 4 种传导机制合理解释了上述疑问。其一，相对单一的资源型产业结构往往降低资源配置效率；其二，资源型产业的无序扩张致使人力资本贫乏；其三，产权制度的相对缺失使资源型产业内部易滋生寻租活动与机会主义行为；其四，资源的过度开发引致生态系统不断恶化，严重制约了资源潜在优势的充分发挥③。

罗浩认为，不平衡与平衡发展通常是区域经济处于不同发展阶

① 万广华、陆铭、陈钊：《全球化与地区间收入差距：来自中国的证据》，《中国社会科学》2005 年第 3 期，第 17～26、205 页。樊纲、王小鲁：《消费条件模型和各地区消费条件指数》，《经济研究》2004 年第 5 期，第 13～21 页。

② 孟祥林：《区域经济发展不平衡：一般分析与对策研究》，《经济体制改革》2005 年第 2 期，第 106～110 页。

③ 徐康宁、韩剑：《中国区域经济的"资源诅咒"效应：地区差距的另一种解释》，《经济学家》2005 年第 6 期。

段的现象，平衡与不平衡会伴随经济的增长与时间的推移周而复始地交替变换。经济差异的此消彼长有其客观规律，对区域政策的设置应遵从客观规律及市场原则，严格摒弃妨碍产品及生产要素区际流动的落后政策，合理利用公共投资及转移支付手段助力欠发达地区创建优越的发展环境与健全的制度，特别要注重在基础设施与教育、社会保障等层面的机会公平，以吸引外来资本入驻或推动产业转移发生[①]。

沈坤荣、唐文健充分考虑了中国二元经济转型过程中具有的较为剧烈的结构变动特征，建立了一个存在大规模劳动力转移条件下的经济收敛分析框架。实证结果显示，从改革开放到 20 世纪 90 年代初期，由于我国劳动力的转移规模及范围均较小，政府资源配置的收敛效应偏大，区域经济差异性呈现缩小态势。到 20 世纪 90 年代中后期，随着我国经济的转型速度加快与劳动力的转移规模普遍扩大，区域经济差距开始扩大。他们还发现，1998 年之后积极财政政策的逐渐淡出和沿海地区出现的"用工难"问题很可能是中国区域经济差距开始减小的重要"拐点"[②]。

汤学兵、陈秀山指出我国八大区域[③]有着显著的"条件收敛"和"俱乐部收敛"性质。工业化水平、对外开放水平以及市场化程度对经济收敛有显著的推动作用，同时，在初期，人力资本积累对经济收敛也存在正向的促进作用，但并不明显。由此可知，提升欠

---

① 罗浩：《区域经济平衡发展与不平衡发展的动态演变》，《地理与地理信息科学》2006 年第 3 期。

② 沈坤荣、唐文健：《大规模劳动力转移条件下的经济收敛性分析》，《中国社会科学》2006 年第 5 期。

③ 中国八大区域：南部沿海地区（广东、福建、海南）、东部沿海地区（上海、江苏、浙江）、北部沿海地区（山东、河北、北京、天津）、东北地区（辽宁、吉林、黑龙江）、长江中游地区（湖南、湖北、江西、安徽）、黄河中游地区（陕西、河南、山西、内蒙古）、西南地区（广西、云南、贵州、四川、重庆）、西北地区（甘肃、青海、宁夏、西藏、新疆）。

发达地区的工业化水平、对外开放水平、人力资本水平，提高该地区的市场化程度是实现区域经济收敛的有效途径，以拉近区域经济距离[①]。

程启智、汪剑平指出，集聚经济的存在导致了区域经济的非平衡发展，其根本原因在于某地区非移动性要素相比其他地区占有绝对或相对优势，进而引致该地区集聚经济形成与发展，随后通过其初始循环和不断累积，该地区经济增长速度连续超过其他地区，由此导致区域收入差距拉大，他们强调区域经济的非平衡性是普遍存在的[②]。另外，程启智、李华认为，要素集聚产生的初始循环效应造成了经济非平衡发展的态势，换句话说，要素集聚可谓经济增长的源泉[③]。刘贯春等也认为，资源禀赋对我国经济增长的贡献率在13%左右。他们利用搭建的反事实框架明晰了要素错配所引发的经济非均衡效应，其结果显示要素重置与资源配置效率较低是造成区域经济差距非收敛的重要因素[④]。

杨国才指出基于国际经验与中国国情，需要找到一个平衡点从而形成以"人口东迁"为主、以"产业西移"为辅的平衡区域发展新思路[⑤]。陆铭、向宽虎强调，打破效率与公平的冲突是我国区域协调发展的根本，即破除区域要素流动的障碍，加强财政转移支付与建设用地配置是实现经济持续高效发展的关键。经济发展的不平衡性体现在欠发达地区经济增长潜力未能充分释放、创新驱动增长格

---

① 汤学兵、陈秀山：《我国八大区域的经济收敛性及其影响因素分析》，《中国人民大学学报》2007年第1期，第106~113页。

② 程启智、汪剑平：《区域经济非平衡发展：表现形式、根源与分析框架》，《江西社会科学》2009年第10期，第68~74页。

③ 程启智、李华：《区域经济非平衡发展的内在机理分析》，《经济纵横》2013年第5期，第64~68页。

④ 刘贯春、张晓云、邓光耀：《要素重置、经济增长与区域非平衡发展》，《数量经济技术经济研究》2017年第7期，第35~56页。

⑤ 杨国才：《平衡区域发展：产业西移还是人口东迁?》，《江西社会科学》2013年第7期，第38~44页。

局尚未完全形成、制度方面的羁绊显著等①。

曹雷、程恩富对自主型经济发展的内涵及外延展开详细论述，他们认为目前中国要依靠技术的自主创新来拉动经济潜能的充分释放，以推动欠发达地区的生产力水平提高②。蒋永穆、周宇晗认为区域经济发展的不充分与不平衡之间相互依存，构建现代经济体系是解决中国社会主要矛盾的根本途径③。

由此可知，我国区域经济发展具有不平衡性是毋庸置疑的，但对于引致区域经济差异化的原因，学者之间存在严重分歧。他们基于不同视角阐明了区域经济产生差距的主要原因，并提出了减小差距的有针对性的建议。其中，诸多结论与建议是以实证研究为基础的，这对我们认识区域经济差距、寻找减小差距的途径具有重要的指导意义。但显然相关研究较为分散，甚至部分观点存在矛盾，因此，对区域经济不平衡发展的研究仍有较长的路要走④。

三 产业转移对区域经济平衡充分发展的影响研究述评

伴随中国社会主义市场经济体制的建立与不断完善，我国区域产业的发展普遍呈现转移趋势。基于此，诸多学者结合我国现阶段区域发展差距逐步拉大的事实，从产业转移与区域经济平衡充分发展的机理出发，着重剖析了产业转移对于区域经济平衡发展的作用。目前研究可分为两种观点，即产业转移阻碍区域经济平衡发展论与产业转移促进区域经济平衡发展论。

---

① 陆铭、向宽虎：《破解效率与平衡的冲突——论中国的区域发展战略》，《经济社会体制比较》2014 年第 4 期，第 1～16 页。

② 曹雷、程恩富：《加快向充分自主型经济发展方式转变——基于经济全球化视野的审思》，《毛泽东邓小平理论研究》2013 年第 8 期，第 26～32、92 页。

③ 蒋永穆、周宇晗：《着力破解经济发展不平衡不充分的问题》，《四川大学学报》（哲学社会科学版）2018 年第 1 期，第 20～28 页。

④ 观点引自贺胜兵、刘友金、段昌梅《承接产业转移示范区具有更高的全要素生产率吗?》，《财经研究》2019 年第 3 期，第 127～140 页。

　　一方面，产业转移阻碍区域经济平衡发展论认为，欠发达地区借助承接产业转移的路径发展会使其自身不断陷入追随式发展的困境，长此以往无法实现跨越式发展，这也将成为实现区域经济平衡发展的阻碍。王新奎指出发展中国家基于自身比较优势展开产业转移，会长期置自身于不利之地①。蒋新祺强调欠发达地区一味地依赖承接产业转移途径进行自身的发展，只是追赶式的发展，将长期不能参与国际竞争，欠发达地区应依靠培养自身具有竞争优势的产业进行良性发展②。左大培和杨春学从技术进步的角度质疑了产业转移式的区域经济发展模式，强调区域应助力当地高技术产业的发展，使其带动欠发达地区实现跨越式进步③。尹翔硕、徐建斌在对两国贸易均衡分析的基础上指出，加大对技术要素的投入力度是欠发达地区借助自身比较优势展开产业分工与布局的核心与关键④。

　　另一方面，产业转移促进区域经济平衡发展论认为，产业转移无疑是欠发达地区实现区域经济平衡发展与跨越式发展的绝佳路径。其观点可归纳为两个层面。

　　其一，基于区域经济平衡发展目标形成产业转移的产生机理，张可云指出，区域间存在的经济实力与技术创新能力的差距是产业转移产生的基石，产业转移使产业与技术由高梯度区域向低梯度区域不断扩散，即产业与技术由发达地区向欠发达地区扩散⑤。在区域经济平衡发展的目标约束条件下，这种扩散趋势成为区域经济实现平衡发展的途径，由此形成了产业转移的产生机理。陈建军、肖灿夫指出，在区域之间存在发展环境及水平的不同时，企业很可能在

① 王新奎：《社会主义市场经济与对外贸易体制改革》，《国际商务研究》1994 年第 3 期，第 1 ~ 4、64 页。

② 蒋新祺：《优势产业发展研究》，湖南大学博士学位论文，2006。

③ 左大培、杨春学：《经济增长理论模型的内生化历程》，中国经济出版社，2007。

④ 尹翔硕、徐建斌：《论落后国家的贸易条件、比较优势与技术进步》，《世界经济文汇》2002 年第 6 期，第 14 ~ 26 页。

⑤ 张可云：《区域大战与区域经济关系》，民主与建设出版社，2001。

扩大市场份额及追求利润最大化目标的驱使下，促使区域间产业转移[1]。陈刚认为，区域间经济水平的差异是产业发生转移的首要因素，产业转移同时是欠发达地区经济实现跨越式进步的成因[2]。

其二，产业转移促进区域经济平衡发展。日本经济学家赤松要（Akamatsu）总结出"雁行模式"的产业转移理论，并指出，伴随发达国家经济实力的逐步增强，其生产要素的价格水平也"水涨船高"。于是，发达国家的由低廉劳动力做支撑的劳动密集型产业的比较优势逐渐丧失，进而迫使该产业流向生产要素水平偏低的发展中国家，此时产业转移的发生致使发达国家的产业结构得到进一步优化，同时，发展中国家的经济水平因承接发达国家的产业而迅速提升[3]。陈计旺认为，产业转移对于发达地区与落后地区的影响机制不同。产业转移的发生能为相对落后的地区吸引企业家、资本要素等，由此可冲破发达地区发展过程中的引致效应，从而缩小它们之间的差距[4]。魏后凯基于区域竞争力的视角指出，在短期内，产业转移会使产业转出区就业人数锐减，但在长期发展中能够推动区域产业转型与升级[5]。对产业承接区来说，产业的转入使区域竞争力及就业机会得到大幅增强与增加。总之，产业转移对促进区域经济平衡协调发展具有关键作用。产业转移现象并非凭空产生的，产业在区域间进行转移的前提是企业有利益可谋。区域产业转移、承接产业转移

① 陈建军：《中国现阶段的产业区域转移及其动力机制》，《中国工业经济》2002 年第 8 期，第 37 ~ 44 页。肖灿夫：《我国产业转移的影响因素分析》，《理论参考》2005 年第 11 期，第 24 ~ 25 页。

② 陈刚：《接受产业转移 促进经济发展——对欠发达区域发展战略的一点思考》，《理论参考》2005 年第 8 期，第 29 ~ 31 页。

③ Akamatsu Kaname， "A Historical Pattern of Economic Growth in Developing Countries," *The Developing Economics*，1962.

④ 陈计旺：《区际产业转移与要素流动的比较研究》，《生产力研究》1999 年第 3 期，第 65 ~ 68 页。

⑤ 魏后凯：《欧美日韩在华制造业投资的区位决定》，《经济研究参考》2001 年第 39 期，第 4 ~ 12 页。

都是企业进行区位选择的过程，产业转移能极大推动承接地的经济增长，在某种程度上缩小了承接地与转出地的发展差距，由此来看，产业梯度转移是我国实现区域平衡发展的重要路径①。

陈刚、陈红儿指出，区域之间广泛存在的经济发展水平的差距，必然引致区域产业竞争优势有强弱之分，因此产业转移是不可避免的②。陈刚、张解放强调，在产业转移中，产业主要是指发达地区处于衰退周期的产业，衰退性产业在空间位置上的转移则是区域产业竞争优势的转换③。

陈红儿指出，产业转移能够带动发达与欠发达地区间的经济来往与合作，以助力欠发达地区经济迅速发展，最终实现区域经济平衡协调④。张天平、刘友金强调，有序合理的产业转移在缩小区域经济发展差距的同时，还能促进我国产业结构转型与优化，并对增强区域经济的竞争力具有积极作用⑤。金碚认为，产业转移并非简单意义上的技术水平或生产能力在空间上的移动，而是经济结构转型、产业分工深化、生产方式优化的过程⑥。杨国才认为促进区域平衡发展，必须重塑中国"经济地理"，实现资源在空间上的重新配置。他指出产业转移、人口转移和财政转移是区域经济平衡发展的主要路径，这三个路径具有密不可分的关系，但在其理论支撑、中间目标

---

① 王丹宇：《产业转移作用机制的理论阐述》，《新疆社会科学》2014 年第 5 期，第 27 ~ 32 页。

② 陈刚、陈红儿：《区际产业转移理论探微》，《贵州社会科学》2001 年第 4 期，第 2 ~ 6 页。

③ 陈刚、张解放：《区际产业转移的效应分析及相应政策建议》，《华东经济管理》2001 年第 2 期，第 24 ~ 26 页。

④ 陈红儿：《区际产业转移的内涵、机制、效应》，《内蒙古社会科学》（汉文版）2002 年第 1 期，第 16 ~ 18 页。

⑤ 张天平、刘友金：《产业转移后供应链本地无缝连接与产业升级策略》，《求索》2011 年第 9 期，第 79 ~ 80、217 页。

⑥ 金碚：《中国产业发展的道路和战略选择》，《中国工业经济》2004 年第 7 期，第 5 ~ 13 页。

以及实现方式与机制层面具有较大差异①。基于三个区域平衡发展路径的特点，同时在考量我国区域经济发展差异化的基础上，应对发展路径进行整合，以创建以人口转移为主、以产业转移为辅且以财政转移为补充的区域平衡发展的综合手段②。

综上所述，应从长期与短期的角度考察产业转移对区域平衡发展的影响，并分别从产业转移对我国产业转入区与转出区的差异化的影响机制入手，剖析产业转移与区域平衡协调发展的关系。

---

① 杨国才：《平衡区域发展：产业西移还是人口东迁》，《江西社会科学》2013 年第 7 期，第 7 期，第 38 ~ 44 页。
② 观点引自周靖祥《中国内外经济发展失衡研究》，重庆大学博士学位论文，2012。

第二章
产业转移与区域经济平衡研究的理论基础

第一节 后发优势理论

一 后发优势理论的形成

"后发优势"概念是由著名的经济史学家亚历山大·格申克龙（Alexander Gerchenkron）提出的。Gerchenkron 在 1962 年发表的《经济落后的历史透视》（*Economic Backwardness in Historical Perspective*）中定义了"后进性"（Backwardness）及"后发国"（Backward Countries）。Gerchenkron 认为"后进性"不是一种绝对不变的状态，而是一种不断变化的相对落后状态；而"后发国"是相对"先发国"（Advanced Countries）而言的，所谓的后发国是指处于相对落后状态的国家。通过分析 19 世纪德国、意大利等欧洲较为落后国家的工业化过程，Gerchenkron 总结了这些国家经济追赶的成功经验，并在此基础上提出"一个工业化时期经济相对落后的国家，其工业化进程和特征在许多方面与先发国家（如美国）显著不同"。

Gerchenkron 认为在工业化时代，同先进国家相比，经济相对落后的国家在很多方面存在显著的差异。他把这些差异归纳成八组对比类型：本地型或者引进型、被迫型或者自主型、生产资料中心型或者消费资料中心型、通货膨胀型或者通货稳定型、数量变化型或者结构变化型、连续型或者非连续型、农业发展型或者农业停止型、经济动机型或者政治动机型。每组对比类型相互间的组合形态由各国的落后程度决定①。通过对不同组合形态的研究，Gerchenkron 得出六个命题：一个国家的经济越落后，则该国工业化的过程就越缺乏连续性，从而出现由制造业高速成长所引致的井喷式的突然启动；一个国家的经济越落后，则该国在工业化过程中强调大工厂与大企业的倾向就越明显；一个国家的经济越落后，则该国就越强调生产资料生产而不是消费资料生产；一个国家的经济越落后，则该国工业化进程中国民消费水平就越低；一个国家的经济越落后，则该国动员工业化所需资本的制度性因素作用就越大；一个国家的经济越落后，则该国工业化中农业就越会受到抑制，从而无法为工业成长中的市场扩大起到任何积极的作用。

对后发国家的工业化理论进行总结后，Gerchenkron 阐释了后发优势学说。所谓后发优势，是指经济相对落后的后发国家在推动工业化方面拥有的因后发国家地位所致的特殊益处。经济相对落后状态会具有一定的正面效应，促使一个国家或地区的经济爆发性增长。Gerchenkron 认为，这种后发优势既不是后发国家通过自身努力获取的，也不是先发国家能够拥有的，这种后发优势完全是和后发国家的经济相对落后性共生的，也就是说，只有后发国家才有可能具备后发优势。

后发展是相对于先发展而言的，因此后发优势主要涉及的是时间维度。国家间面积、人口规模以及资源禀赋等方面的差距与传统的比较优势相关，而不属于后发优势的范畴。Gerchenkron 提出"后

---

① 观点引自吕爱权《后发优势理论与赶超发展战略的选择》，《学习与探索》2005 年第 4 期，第 196~199 页。

发优势"假说的意义重大，主要在于这是首次从理论上阐释相较于先发国家，后发国家的工业化有着取得更高时间效率的可能性，其还强调后发国家在工业化进程方面存在赶上甚至超过先发国家的可能。

二　后发优势理论的发展

后发优势理论提出后，1966 年美国社会学家列维（Levy）在出版的《现代化与社会结构》中，从现代化角度将后发优势理论具体化，总结了后发型社会现代化具有的优劣势。列维认为，后发国家具有五个方面的优势：一是相较于先发国家，后发国家在实现现代化的过程中对于现代化的认识程度要高得多，在自身现代化进程中，后发国家可以汲取先发国家积累的经验及教训，缩短自身在"黑暗之中探索"的时间；二是先发国家的工业化程度及经济发展水平都较高，因此可以帮助后发国家对工业化前景和经济发展水平做出一定的预测；三是后发国家可以在一些方面特别是技术方面跨越先发国家的必经阶段，依据自身特点实现跨越式发展；四是后发国家可以借鉴、利用先发国家的技术、设备及组织管理体系；五是后发国家在现代化进程中可以获得先发国家的支持及帮助。

当然，后发国家亦存有劣势，主要表现在四个方面：一是技术落后影响了后发国家的经济发展；二是后发国家虽然可以在技术上进行引进或者模仿，但是很难在短期内完善制度；三是后发国家在发展过程中会面临资本、人力等生产要素的流动，相对优质的生产要素存在向发达国家和地区流动的情况；四是后发国家的产业结构存在缺陷。

阿伯拉莫维茨（Abramowitz）于 1989 年提出了"追赶假说"。Abramowitz 认为，无论是以劳动生产率还是以单位资本收入作为测度标准，一个国家经济发展的初始水平都是与这个国家的经济增长速度呈反向关系的，即经济越落后的国家，其经济增长速度越快。如果该假说成立，则后发国家就必定会超越先发国家。但现实中对于大多数相对落后的发展中国家而言，其与发达国家之间的社会经济差距都是逐渐在扩大的，即这一假说与经验是相悖的。对此，Abramowitz 指出，解释矛盾的关键在正确区分"潜在"和"现实"这两个概念。"追赶假说"建立在"潜在"的基础之上，只有在一定前提下才能够成立：首先是技术差距，发达国家与相对落后国家间存在一定的技术差距，正是技术上存有差距才使经济追赶成为可能，这是相对落后国家实现经济赶超的外部因素；其次是社会能力，即通过教育等的方式形成不同的技术能力，以及政治、工业、商业制度，这是相对落后国家实现经济赶超的内部因素。外部的技术差距同内部的社会能力相互作用，从而使经济赶超从潜在转化为现实①。

自 20 世纪 80 年代开始，罗索夫斯基（Rosovsky）、南亮进和大川一司通过对日本工业化过程的分析在很大程度上验证了后发优势，进而推动学者对后发优势理论进行深入研究②。1992 年日本学者南亮进在出版的《日本的经济发展》一书中，分析了日本后发优势从产生到消亡的过程。南亮进认为 20 世纪 50 年代到 60 年代日本经济的高速增长主要得益于其存在的后发优势，日本经济已经具备 Abramowitz 所说的消化掌握现代技术的社会能力，具体表现为日本现代化的经营组织、发达的信息产业以及丰富的人力资源等，这是日本可以发挥后发优势实现经济赶超的必要条件。然而随着日本同其他发达国家之间的技术差距逐渐缩小，其依靠引进技术实现经济赶超的优势不断削弱，最终逐渐失去后发优势③。从明治维新开始，

① M. Abramowitz, *Thinking about Growth* (Cambridge University Press, 1989).
② 盛杰：《后发区域的产业引进研究》，东南大学硕士学位论文，2006。
③ 盛杰：《后发区域的产业引进研究》，东南大学硕士学位论文，2006。

日本才迈出了现代经济发展的步伐，其起步要比英国及美国晚近 100 年的时间，但是日本可以后来居上，在接下来的近 100 年里超过英国赶上美国。但是 20 世纪 90 年代后日本由于未能将技术的模仿能力转变成技术的创新能力以真正为其所用，其同其他发达国家之间的差距又拉大了。南亮进的研究结果显示，日本实现跨越式发展的根本原因是在发展过程中结合自身的实际情况充分发挥后发优势。

1993 年伯利兹（Brezis）、克鲁格曼（Paul Krugman）等总结发展中国家成功经验，并提出了基于后发优势技术发展的"蛙跳"（Leapfrogging）模型。"蛙跳"模型认为当技术发展到一定程度、具备一定创新能力时，后发国家通过直接吸收借鉴符合自己发展的成熟技术，并以此为起点在部分领域和产业实现技术赶超[①]。"蛙跳"模型强调技术在不断发展的过程中，不是必然要从简单到复杂的按部就班逐步进步，而是可以跨过某个阶段直接开发应用新技术新产品，与先进国家在国际市场中进行竞争。

1996 年，范艾肯（R. Van Elkan）在开放经济的条件下建立了技术转移、模仿与创新的一般均衡模型。范艾肯认为发达国家与发展中国家间的经济发展趋同，即经济相对落后的国家通过学习、引进及模仿发达国家的先进技术，可以实现自身的技术进步，缩小与发达国家间的技术差距。一国自身技术水平和开发能力相对成熟以后，可以向技术创新进行转变，进入技术自我创新的阶段，从而实现本国技术水平和经济水平的赶超。在赶超的初始阶段，经济相对落后的国家的经济增长率一般是高于发达国家的，但长期来看处在不同经济发展阶段的国家，在积累人力资本、提高生产能力以及经济增长速度等方面终会趋于平衡，各国技术模仿和创新的回报率也将趋于一致。后发优势理论的提出和发展，为经济相对落后国家及地区

---

① 《云计算助非洲"蛙跳式"发展 华为云落子南非背后的全球化逻辑》，新浪网，https://finance.sina.com.cn/roll/2018－11－17/doc－ihnyuqhh2284147.shtml。

的加速发展提供了理论依据和现实途径①。

三 后发优势的类型

后发优势指的是后发国家、地区由于在劳动力、技术、产业结构和制度等方面与先发国家、地区之间存有差距，可以借鉴先发国家和地区的经验教训，有效利用先发国家和地区的资本和先进技术，并将其作为自身经济发展的特殊的有利条件，帮助后发国家、地区更快地实现经济社会的进步。具体来说后发优势包括以下内容。

第一，技术的后发优势。技术的后发优势源于先发国家与后发国家之间存在的技术差距。对于后发国家来说，通过学习和引进先发国家的先进技术能够促进自身快速发展。在发展过程中，对这种先进技术的学习和引进，可以帮助后发国家节约自主创新方面的投入：一方面可以为后发国家节省大量的时间和资源；另一方面可以帮助后发国家降低自主创新的风险和成本，从而收到事半功倍的效果。一般来说大多数的先进技术是先发国家投入大量的人力、财力、物力获得的，比起庞大的研发所需，后发国家可能只需要付出较少的投入就可以获得成熟的先进技术，并将其应用于生产以提高生产率。就后发国家而言，其在节约自身资源的同时，缩小同先发国家的差距。除对技术的学习和引进外，在特定的阶段，后发国家可以直接通过技术的创新进入先进领域。

第二，资本的后发优势。资本的后发优势主要是由资本报酬递减规律造成的：先发国家的资本丰富，相比之下，后发国家的资本稀缺。就资本报酬角度而言，后发国家的资本收益率要高于先发国家。在国际市场上，为了追求更高的报酬，资本必然会从先发国家向后发国家流动，从而对后发国家的经济增长产生积极影响。

---

① Van Elkan R., "Catching up and Slowing down: Learning and Growth Patterns in an Open Economic," *Journal of International Economics*, 1996: 41.

第三，劳动的后发优势。发达国家的人口增长相对缓慢并出现人口老龄化现象，导致其劳动力价格高于后发国家。就后发国家而言，丰富的人力资源和低廉的劳动力成为其优势所在。后发国家利用这一优势参与到相关市场的竞争中，如后发国家通过着重发展劳动密集型产业，提升自身经济水平。除了人力资本的后发优势外，劳动的后发优势同样体现出知识的溢出效应。先发国家的知识体系和教育体系，通过教育溢出促进后发国家发展。向先发国家输送留学生、跨国企业对后发国家职员的系统培训、跨国企业带来的先进管理经验等以及通过同先发国家的合作与交流，后发国家可以学习其先进的科学技术和管理知识，提升本国劳动力的科学素质和管理能力，从而提高经济水平，促进社会进步，缩小同发达国家间的差距。

第四，制度的后发优势。所谓制度，指的是要求成员共同遵守的规章或者准则。后发国家的制度优势主要是后发国家可以通过学习、模仿和借鉴先发国家的先进制度和管理经验，并在将相关制度进行本土化改造之后，来提高自身的生产效率。经济学家杨小凯讲过，如果只注重技术引进而忽视制度，则后发国家通过对先发国家技术及管理模式的模仿，尽管可以在短期内获得非常好的发展效果，却会给长期发展留下隐患。形成完善的制度需要极高的成本，如需要反复进行试验。后发国家可以避免因盲目试验进行不必要的投入，如直接移植由先发国家长期实践证明的有效的制度，可以节约对制度进行反复论证的时间成本及经济成本，从而以较小的成本获得较大的收益。通常来说，如果一个国家在制度建设方面越滞后，那么这个国家的调整改进空间就越大，相应地，其制度的后发优势效应会越显著。当然，就后发国家而言，其需要结合自身的特点，引进先发国家的相关制度以及政策。

第五，产业结构的后发优势。后发国家的城市化水平以及工业发展程度一般来说是比较低的，产业结构层次也相对简单，因而严重阻碍经济发展与社会进步。而对发达国家来说，其一般已经实现工业化与城市化，所以作为一种优势，后发国家可以通过结构调整来促进经济增长，进而升级自身产业结构，优化资源配置，提高生产率以推动经济快速增长。

这些优势对后发国家具有十分重要的意义，后发国家可以在吸取先发国家的经验和教训的基础上，结合自身发展的情况做出最优决策，以加速本国经济发展。就经济相对落后的国家而言，发挥其后发优势的过程，实际上就是向先发国家学习的过程。通过向先发国家学习，后发国家能够持续积累知识技能，逐步提高创新能力，从而实现从简单学习模仿到自主创新的跨越。

四　后发优势的特征

后发优势的特征主要有以下几个方面。

第一，后发优势的客观性。同先发国家相比，后发国家在人力资源、技术、制度和产业结构等多方面都有巨大差距，这种差距也成为其向先发国家学习的广阔空间，因此，后发国家有了通过向先发国家学习实现本国经济快速发展的可能。作为一种学习优势，这种差距是客观存在的。

第二，后发优势的潜在性。从后发国家角度来说，其具备向先发国家学习的客观优势，但是这只能说明后发国家有着通过向先发国家学习以推动本国经济发展的可能。这种可能性是否可以转化为现实性，即这种学习优势能否转化成现实的经济效益，是由后发国家的学习能力、社会环境等决定的，不能说学习了先发国家，后发国家就一定可以实现自身经济的高速发展。所以，后发优势仅能作为后发国家经济发展的潜在优势。

第三，后发优势的动态性。动态性强调了事物是不断发展变化的。一方面，后发优势的多少和后发主体的落后程度成正比，自身越是落后，具有的后发优势就越多，可以发挥的潜力就越大。随着后发主体经济的不断发展，其具备的后发优势将越来越少。另一方面，后发优势的动态性也体现在主体后发与先发的变化上。也就是说，原来处于先发状态的国家可能由于时间、自身发展等因素而逐渐转变为后发主体；原来处于后发状态的国家也可能由于自身发展较快而转变为先发主体。

第四，后发优势的创新性。后发国家的后发优势得以有效发挥，是建立在后发国家向先发国家学习的基础之上的。需要强调的是，后发国家的这种学习并不是简单的照抄照搬。一般来说，先发国家的先进技术和制度以及成熟的产业结构、管理制度等，很难被简单移植到社会环境各异、经济发展水平各不相同的后发国家。因此，后发国家向先发国家学习时，应该结合自身情况，进行本土化改造，实施与其特定的经济发展水平和要素禀赋相适应的政策，这种学习是具有创新性的，不是单纯的模仿。

第五，后发优势的多维性。相较于先发国家，后发国家的落后状态是由多方面因素造成的，因此由落后而产生的后发优势也是多方面的。在经济赶超的过程中，单纯依靠某一方面的后发优势是无法实现的。只有多种优势有机结合，才能形成一种实现经济赶超的综合性优势，从而推动后发国家的经济快速发展。

第二节　资源配置理论

一　梯度转移理论的形成

梯度转移理论的基础是产品生命周期理论。1966 年，美国经济学家雷蒙德·弗农（Raymond Vernon）发表《产品周期中的国际投资与国际贸易》，提出工业生产生命周期阶段理论。Vernon 认为：工业各部门和各工业产品，均处在生命周期的不同阶段，均会经历创新、发展、成熟、衰退四个阶段①。生命周期在不同技术水平的国家当中，发生的时间及过程是不同的，也就是说，同一种产品在不同的国家，其生命周期会出现"时差"。1966 年，汤普森（Thompson）在发表的《对制造业地理的几点理论思考》中提出了"区域生命周期理论"。Thompson 认为，产业区域一旦建立，就会像一个生命有机体依照规则的变化次序来发展，产业区域一样经历从年轻阶段到成熟阶段再到老年阶段的过程，处于不同阶段的产业区域会面临一系列不同问题②。区域经济学家克鲁默与海特等依托工业产品生命周期理论，并且结合赫希曼与威廉姆森的不平衡发展理论，探讨工业产品生产在不同阶段的特点以及由此带来的扩散效应，并提出区域经济发展的梯度转移理论。

二 产业梯度的含义

梯度是用于表现地区之间经济发展水平差距的一种方式。从生产布局学诞生开始，梯度就被广泛用于表现地区之间经济发展水平的差距，及从经济发展低水平地区向经济发展高水平地区过渡的空间变化过程。区域经济梯度包含多个维度：经济发展梯度、产业发展梯度、要素禀赋梯度、社会发展梯度、文化发展梯度、技术发展梯度及环境发展梯度等。产业发展梯度是其中最直接也是最集中的体现，是区域经济梯度中起决定性作用的部分。

戴宏伟定义的产业梯度是由于不同区域之间生产要素禀赋、产业分工、技术等方面的差异，各个国家和地区之间在产业结构水平

---

① Raymond Vernon, "International Investment and International Trade in the Product Cycle," *The International Executive*, 1966, 8 (4).

② John H. Thompson, "Some Theoretical Considerations for Manufactaring Geography," *Economic Geography*, 1966.

上存在阶梯状差距。戴宏伟构建了产业梯度的函数表达式：$Y = F(P, T, I)$。其中：Y 代表产业梯度，是生产要素禀赋、产业分工、技术共同作用的结果；P 代表国家或者地区之间的生产要素禀赋差异，包括自然资源、劳动力、资本等要素的综合差距；T 代表国家或者地区之间的技术差异；I 代表国家或者地区之间的产业分工的差异。同时，其提出了"绝对梯度"、"相对梯度"、"间接梯度"及"直接梯度"的概念[1]。

亚当·斯密的"绝对成本说"认为：2×2 模型中两个国家分别在两种不同商品的生产效率上具有优势，通过商品生产的专业化和相互间的商品交换，两个国家均能够获得"绝对利益"。亚当·斯密指出，两个国家在商品生产的劳动成本方面存在差距，决定了商品优劣势。只有生产成本绝对低的产品，才有可能进行国际交换。从产业梯度的角度来说，两个国家在商品生产劳动成本方面的绝对差距，是引致两个国家产业分工的主要原因。每个国家均会选择低成本的商品进行生产，均会放弃对高成本商品的生产。一个国家的绝对优势产业，对于另一个国家而言构成高梯度产业，由此在两国之间形成产业梯度。由于这种产业梯度的形成基于两个国家的产业在绝对成本方面的优劣势，因此，这种产业梯度成为两个国家之间在产业上的"绝对梯度"。

大卫·李嘉图的"比较成本说"认为：假如一个国家在两种商品的生产中都具有优势，而另一个国家在两种商品的生产中都处于劣势，两个国家依然可以选择相对优势比较大的商品进行生产与出口，从而获取"比较利益"。从产业梯度的角度来说，一个国家具备相对比较优势的产业，对于另一国家而言构成高梯度产业；反之，其具备相对比较劣势的产业，对于另一国家而言则构成低梯度产业，

---

① 戴宏伟：《产业梯度产业双向转移与中国制造业发展》，《经济理论与经济管理》2006年第12期。

进而在两个国家之间形成产业梯度。每个国家在进行国际性生产与国际贸易时均会选择对高梯度产业商品进行生产，而对低梯度产业商品进行进口。正是两个国家产业在比较成本上的优劣势，形成了这种产业梯度，所以这种产业梯度成为两个国家之间在产业上的"相对梯度"。

生产要素禀赋理论认为：每一个参与国际贸易的国家在选择生产的商品和出口的商品时，都要考虑本国的生产要素禀赋。每个国家均应选择对本国生产要素禀赋充裕的商品进行生产与出口，选择对本国生产要素禀赋稀缺的商品进行进口。从产业梯度的角度来说，在生产要素无法自由流动的前提下，每个国家在生产要素禀赋方面的差异，是引致产业分工的主要原因。由于这种产业梯度的形成基于生产要素禀赋的差异，未能直接反映到产业梯度上，因此这种产业梯度成为两个国家之间在产业上的"间接梯度"。

实际上各个国家产业分工的基础，仍然是由生产要素禀赋不同所导致的比较优势差异。由于拥有的生产要素数量不同、质量不同，各国必须在产业分工中做出选择。产生产业分工上的梯度，是因为国家之间在技术水平方面存有差异，也就是说是由技术梯度的存在而导致的。由于这种产业梯度的形成是基于产业分工的不同，因此这种产业梯度成为国家之间在产业上的"直接梯度"。产业分工和专业化生产不仅带来了生产的专业化与高效率，还促使规模经济和集聚经济形成，进一步强化了国家之间的产业梯度。各个国家间存在这种产业梯度，表现为发达国家与次发达国家、不发达国家之间在产业结构上具有阶梯状差异，这种阶梯状差异带来了产业梯度转移。

三　梯度转移理论的内涵

作为一种经济运动，产业转移是指产业从一个经济地区向其他经济地区转移，同时伴随着技术转移与资源流动，是一个优化资源配置的过程。产业梯度转移指的是具有比较优势的高梯度地区通过技术创新实现产业的率先发展，进而按照梯度顺序将其依次向中梯度地区及低梯度地区扩散转移的理论模式。

梯度转移理论阐述了区域经济发展和产业发展间的关系，探讨了区域产业结构优化对区域经济发展的影响。梯度转移理论认为，区域经济发展水平取决于区域产业结构状况，而区域产业结构状况由地区经济部门，特别是地区主导产业在工业生命周期中所处阶段决定。一个地区的主导产业一般来说依照劳动密集型产业、资本密集型产业、技术密集型产业、知识密集型产业的顺序演进，而每个产业或是产品亦会经历创新、发展、成熟、衰退四个阶段。

梯度转移理论把各个区域的主导产业按照所属的生命周期的不同阶段进行划分：通常来说，如果一个地区经济发展的主导产业处于生命周期的创新阶段，那么这个地区在之后的一段时间内都可能具备较好的发展前景，也就是说，这个区域的经济增长潜力相对较大，可以称之为高梯度地区；反之，如果一个地区经济发展的主导产业处于生命周期的衰退阶段，也就是说，这个地区的经济发展潜力相对较小，可以称之为低梯度地区。

一般来说，高梯度地区经济基础好、发展潜力大、创新水平相对较高，常常是新产业部门、新技术、新产品、新生产管理经验和组织方法等创新活动的诞生之地，所以要充分利用这种优势，优先进行发展。对于高梯度地区，经济发展的关键是要不断创新，依靠发明新产品、建立新产业等方式来保持本地区在技术方面的领先位置。

随着时间推移，工业生产循环阶段发生变化，当高梯度地区的某一产业迈入成熟阶段，则该产业不再具备优势。作为高梯度地区，其就会对其产业结构进行调整，集中资源为发展新的优势产业提供空间，从而保证其产业的整体优势得以持续。高梯度地区淘汰的劣势产业会向低梯度地区进行转移，成为低梯度地区相对先进或者具有相对比较优势的产业，帮助低梯度地区完成产品与技术的更新换代，为低梯度地区节省创新时间与成本，提高低梯度地区的产业结构层次，从而推动低梯度地区经济发展。

在高梯度地区获得良好发展之后，依靠梯度推力与政策扶持帮助低梯度地区快速发展，进而形成区域经济一体化的良性互动。产业梯度转移主要通过以城市为主体的多层次区域系统来进行，产业梯度转移的速度与转移的效果受到转出地推力、承接地吸纳力等多方面因素的影响。

梯度转移理论，本质上是一种非均衡发展理论。梯度转移理论将经济效率放在区域发展和生产力布局的首位，强调的是效率优先、兼顾公平。该理论的产生与发展，为区域间的产业转移提供了基础，在制定区域经济发展战略时具有重要意义。

我国幅员辽阔，各地区生产力发展水平、经济技术水平和社会发展基础均有较大的差异，总体上可以划分为东部发达地区、中部欠发达地区和西部不发达地区三大经济地带。基于梯度转移理论，客观上这些地区存有经济技术梯度，因此有着空间转移的顺序。在梯度转移理论的指导下，我国实行东部沿海地区率先开放的战略，让具备条件的高梯度地区引进先进技术率先发展起来。先富起来的东部沿海地区在进行经济结构升级时，会将已经失去优势的劳动密集型产业及高耗能产业向中部、西部地区进行转移。劳动密集型产业转移是目前中国东部沿海地区向中部、西部地区进行梯度转移时最为常见的类型，因为劳动密集型产业的生产主要依靠大量劳动力，其生产对技术与设备的依赖程度较低，所以中部、西部地区可以利用劳动力低廉及资源丰富等优势，降低产品的生产成本，提高产品的竞争力，从而推动中部、西部地区的经济发展。也就是说，鼓励一部分地区先富起来，之后通过先富带动后富的方式，最终实现共同富裕。

四　产业梯度转移的影响因素

产业梯度转移是由企业主导的经济活动，产业梯度转移的影响因素就是推动或者制约企业进行产业转移行为的因素。就企业角度而言，影响其产业转移行为的因素主要有如下几个方面。

第一，市场因素。在市场经济环境下，市场因素是影响产业梯度转移的重要因素。企业经营的目的在于实现资本增值，在于追求利润最大化。因此，企业进行产业转移的核心动力就是利益，而产业发展需要良好的市场环境支持，市场的发展潜力、市场的开放程度、市场的规模等因素均会对企业的发展产生影响。在企业原有市场趋于饱和、无法满足自身发展需要时，企业就需要开辟外部市场。

企业在进行产业转移时，产业承接地的市场规模、增长潜力等因素都会对企业产生指向作用。产业从高梯度地区向低梯度地区转移，承接地需要为新转入的产业提供市场化的配套支持，完善的市场化体制是吸引产业转入的关键。反之，如果承接地的市场公平程度等与转出地之间存在较大差距，则转入企业可能很难适应新的市场环境。

改革开放以来，我国承接国际产业转移，中国庞大的市场容量与巨大的市场潜力是吸引国际产业转移的重要原因。企业会选择市场规模大、发展潜力大的地区作为承接地进行产业转移，从而实现规模效应，提高产品销量，节约运输成本[1]。此外，其还可以帮助企业更加及时有效地了解消费者的需求变化，有利于企业进行产品开发。

需要说明的是，承接地市场化发育程度的提升以及市场开放程度的提高，均需要多方面的共同努力，需要较长时间才能够实现。这对于转移企业的生存发展、承接地的产业结构调整都是严峻的挑战，尤其对于那些投资金额大、投资回收期长的企业来说，高昂的

---

① 胡丹：《我国产业梯度转移及其调控研究》，武汉理工大学博士学位论文，2014。

转移成本是不容忽视的。

第二，要素因素。降低生产要素成本从而提升利润，是企业进行产业转移的常见动因。资本、劳动、技术和资源等生产要素是否能够保障充足供给、生产要素是否成本低廉往往是企业较为关注的问题。转出地的生产要素成本上涨时，会直接导致企业盈利减少，此时生产要素充裕且成本较低的地区会成为产业梯度转移的承接地。

发达地区与欠发达地区的一个重要区别就在于生产要素禀赋的差异。欠发达地区通常拥有丰富的要素资源，是劳动密集型产业及资本密集型产业转移的理想承接地。高梯度地区作为产业转出地将淘汰的低端产业转移至低梯度地区，将本地区的生产要素集中投入高端产业的发展当中，推动本地区产业结构优化升级，使本地区资源得到优化配置；低梯度地区作为产业承接地能够提高资源的利用效率，实现共赢。

然而，实际上多种原因可能导致发达地区生产要素的成本并不高于欠发达地区。一是在完善的人才保障体制下，劳动力的自由流动消除了发达和欠发达地区劳动力成本的差距；二是欠发达地区的丰富资源，往往受制于不够完善的交通体系，造成生产要素的运输成本高，运输效率低；三是欠发达地区的生产工艺与生产技术水平相对落后，导致产业创新能力低下。

第三，产业因素。产业因素一般包括产业发展可供资源、产业结构水平、产出现代化程度和产出规模等，坚实的产业基础是产业能够得以持续发展的前提条件。任何企业的建立、发展都无法脱离产业，因此具有良好产业基础的区域才能够成为吸引产业转入的理想承接地[①]。一般来说，承接地在转入产业的原有企业数量及规模、原有产业的工人数量、产业集群、产业链等，均为加快产业发展的

---

① 张婷婷：《基于产业转移的区域政策创新研究》，兰州大学博士学位论文，2009。

重要基础，是吸引产业转入的重要因素。

承接地基础设施建设情况是产业转移的前提与基础。交通运输设施完善，有利于企业提高运输效率，降低物流成本；通信设施完善，有利于促进生产要素和商品的流动；包括生活设施等在内的基础设施条件都可能影响企业产业转移的成本。对于发达地区来说，部分产业已经从块状经济发展到产业集群，对已经形成的产业链存在依赖。而欠发达地区由于经济发展的原因，产业基础较弱，产业集聚程度较低，会导致企业的产业转移意愿不高。因此，需要产业承接地尽可能为转移企业提供更为完善的基础设施和服务。

第四，政策因素。在一个高度市场化的环境中，政府对经济的干预较少，政策因素的影响不大。但在我国市场环境中，政府对产业的发展、对经济的影响起到了非常重要的作用。政府的政策会影响国家和区域的经济发展战略、产业结构以及产业布局。优惠的产业政策、投资政策以及完善的法律制度是企业进行投资、产业转移的重要前提。优惠的产业政策能够使企业获得政府提供的优惠措施；优惠的投资政策能够使企业获得资金的支持，拓宽企业资金来源渠道，降低企业资金成本；完善的法律制度能够保证市场机制正常有效发挥作用，保障市场的公平性，降低产业转移的法律风险。

我国区域之间的产业转移，得到中央政府和地方政府的高度重视和大力支持。2010 年印发的《国务院关于中西部地区承接产业转移的指导意见》指出，产业转移是优化生产力空间布局、形成合理产业分工体系的有效途径，是推进产业结构调整、加快经济发展方式转变的必然要求。

2012 年 7 月，工业和信息化部印发了《产业转移指导目录（2012 年本）》，以推动产业合理有序的转移，优化工业生产力的布局，从而促进区域协调可持续发展。为贯彻落实党中央、国务院关于高质量发展及区域协调发展的决策部署，深入推进产业的有序转移与产业转型升级，工业和信息化部对目录进行修订，并且于 2018 年 12 月发布《产业发展与转移指导目录（2018 年本）》。

然而实际进行产业转移过程中，产业转出地的政府因为担心产业转移之后，会对本地经济带来负面影响，如引起本地区就业率降低、造成本地区财政收入减少、导致本地区经济活力下降等，所以对产业转移持消极态度，进而造成产业转移的供求信息没有得到有效的传递，甚至一些地方政府会以提供优惠措施、施加政策压力等方式阻止本地区企业进行产业转移。

第五，环境因素。尽管政策上鼓励产业进行梯度转移，但是政策也明确规定了产业转移过程中的环境问题。在对转移产业进行选择时，一方面产业承接地政府应当基于本地的产业结构情况和产业发展规划，认真筛选转入产业，而不是盲目地引入；另一方面承接地政府要提高环境保护意识，应当基于本地的资源承载能力、生态环境容量，限制或禁止高耗能、重污染的产业转入。

近年来，随着东部地区产业转型，一些高耗能、重污染的企业在东部地区无法继续生存，以产业梯度转移为契机转移到环保门槛较低的中部、西部地区。2010 年印发的《国务院关于中西部地区承接产业转移的指导意见》强调了坚持节能环保，严格产业准入的基本原则，指出要加强生态建设，注重环境保护，强化污染防治，严禁污染产业和落后生产能力转入；发展循环经济，推进节能减排，促进资源节约利用，提高产业承载能力。

第三节　区域经济发展理论

一　区域经济发展的内涵

区域经济发展是区域内总产出不断增加、区域产业结构与空间结构不断优化、区际引力与辐射能力不断提高的过程。区域经济发展同一般经济发展均为动态过程，表现为财富和福利增加，但是区域经济发展强调特定地域空间的经济发展，具有时间与空间相结合的特殊属性。历史上，西方经济理论界曾长期认为经济发展就是经济增长，即国民生产总值增加[①]，20 世纪 70 年代后开始区分这两个概念。经济增长偏重数量的概念，强调经济运行状态沿时间维度的变化，其内涵较窄；经济发展包含数量和质量的概念，强调经济运行状态沿时间和空间维度的变化，其内涵更广。经济增长是手段，而经济发展是目的；经济增长是经济发展的基础，经济发展是经济增长的结果。所以，就大多数区域而言，追求区域经济增长是实现经济发展的首要目标和手段。

需要注意的是，区域经济发展与区域发展亦有区别。区域发展是超出经济学范畴更为广义的概念，区域发展是指在特定的地域空间，经济、社会、环境的全方面发展。区域经济发展、区域社会发展同区域环境保持与改善是相互依存的。其中区域经济发展是基础，如果经济得不到发展，其他方面的发展就无从谈起，甚至带来对环境的进一步破坏以及对社会进步的负面影响；区域社会发展主要体现为社会进步，社会进步最具体的表现是人的进步，人与人之间交往的进步表现为人认识水平的提高、社会的公平与平等、人的自由、人的权利得到承认与尊重等。如果社会未能进步，经济发展所带来的结果就是无益的，对资源及环境也是不利的。环境既包括生物的环境，如各种植物和动物，也有非生物的环境，如气候、土壤、资源等。人们向往一种良好的、有益于身体健康和促使心情愉悦的环境，包括清新的空气、绿色的植被、丰富的动植物种群等。经济、社会以及环境的协调发展，是实现区域可持续发展的前提与保障。

---

① 观点引自何萍《区域经济发展对区域物流需求的影响研究》，江苏科技大学硕士学位论文，2011。

市场经济环境中，区域属于开放的系统，不同区域之间既有合作又存在竞争。区域之间相互吸引、相互辐射：相互吸引是指在聚集力下，特定区域可以从其他区域聚集经济发展所需的资源和要素；相互辐射是指特定区域的经济活动能够在其他区域扩展及影响[1]。由于不同区域间要素禀赋、产业结构、生产专业化程度和劳动分工程度等方面存有差异，不同区域间的经济发展处在不平衡状态。就具有比较优势的区域而言，其会表现出较强的吸引能力和辐射能力，而对弱势区域来说，其则会表现出较弱的吸引能力和辐射能力。

二 区域经济发展的动力机制

区域是一个空间概念，要素及经济活动主体在区域聚集是产生区域的根本原因，聚集是推动区域经济发展的根本动力。

首先，作为动力，聚集具有方向性。在区域经济发展的过程当中，聚集通常表现出正向性，有时会表现出负向性。例如：区域经济处在聚集状态时，聚集动力与区域经济的发展方向相同，聚集此时成为区域经济发展的正向力量；然而当聚集动力与区域经济的发展方向相反时，聚集就会成为区域经济发展的负向力量，阻碍区域经济发展。如果区域经济没有处于聚集状态，则保持原聚集方式会导致区域经济发展速度减缓，甚至出现区域经济发展倒退的局面。

其次，聚集是一个动态的过程。在每个区域中，聚集度在不断发生变化。区域作为一个开放的空间，流动性要素随时在不断流入和流出；新的企业或新的产业不断兴起，区域外企业向特定区域迁移、区域内企业向其他区域迁移均不断发生；区域性要素境况的改变也随时在发生。上述变化均会带来聚集度的变化，从而产生聚集动力的变化。

---

① 观点引自何萍《区域经济发展对区域物流需求的影响研究》，江苏科技大学硕士学位论文，2011。

最后，聚集动力具有加和性。聚集的过程伴随着区域经济的发展，区域经济的发展过程又是聚集度不断提升的过程，聚集度随着区域经济的发展而提高。聚集动力不是区域经济发展的唯一动力，区域经济的发展是聚集动力与其他类型的动力综合作用的结果。

区域聚集效应是社会经济活动由于区域聚集而产生的各种影响及效果，区域聚集效应可以从分工与专业化、规模经济、外部经济及市场效率等多个方面进行考察分析。所谓分工效应，指的是由聚集给区域经济活动主体带来的分工及专业化方面的影响。分工及专业化的发展需要与之相应的外在环境及条件，企业分工及专业化的深化客观上要求企业具有一定的生产规模，所以聚集是分工及专业化实现的条件与基础。分工及专业化生产方式，是促进经济增长的重要力量。分工及专业化生产之所以可以产生巨大的经济利益，主要是因为：第一，分工及专业化生产可以促进劳动生产率提高；第二，分工及专业化生产可以减少生产要素的投入；第三，分工及专业化生产能够帮助企业提高经营管理效率。分工及专业化生产可以把复杂的生产程序简单化，同时由于分工较为明确，生产技术可控程度增强，因此可以提高管理工作效率；分工及专业化生产有利于技术创新与进步，有利于大规模使用生产设备，进而发掘技术应用潜力；分工及专业化生产还能推动生产方式发展，使大规模的专业化生产成为可能，社会产品得以日益丰富。

规模效应是因聚集而出现经济规模扩大，从而对区域经济活动主体的利益产生影响。规模经济是区域聚集经济的重要方面，规模经济包括生产方面的利益，也包括消费方面的利益。生产方面的利益表现为单位产品的成本随着产量的提高而降低，消费方面的利益表现为单位消费品的支出会随着聚集规模的扩大而减少。产生规模经济的原因很多，最为重要的是投入的不可分性。以生产性投入为例，假设某一生产活动的唯一投入是一种特定资本品，可能是一台机器或一个工厂，如果对这一资本品进行分割，则可能造成该资本品变得毫无用处或失去原有的生产功能，所以类似的生产性投入是不可分的。这种不可分的投入，广泛存在于社会生活的各个领域：单个企业内部或产业内部，比如企业内部的固定成本、产业内部的技术培训和信息收集成本；整个城市内部或区域内部的基础设施投入。不仅在生产领域，在教育领域、住房领域等消费领域也存在类似情况。因此，在区域经济中，不可分投入是出现规模经济的决定性因素。

除了不可分投入外，规模经济的产生也可能源于因规模扩大而形成的生产、销售、管理等方面的效率提高。首先，随着生产规模扩大，劳动分工专业化水平会提高，个人技术积累亦会增加，为了满足产品需求及增加原材料供应，应随机变动所需的产品，原材料的投入会因此减少。其次，随着企业规模扩大，广告宣传、产品运输、产品贮藏等活动也形成规模，因此单位产品应分摊的销售费用会降低。最后，随着企业规模的扩大，管理专业化水平会提高，进而管理技能与水平提高，从而形成规模经济。

所谓外部效应指的是由于聚集而给区域内经济活动主体带来的外部经济方面的利益。外部效应的产生和人类社会经济活动的相互作用有关，各种外部经济效应的存在是产生聚集经济的重要原因。社会经济活动和行为主体相互作用过程中所产生的外部性经济利益主要包括如下几点。第一，帮助经济活动主体获得更好的信息与技能。现代经济中不同产业的经营活动紧密联系，如果一家企业的产出是另一家企业的投入，那么两家企业当中任何一家企业的技术发明与革新，都能够为实现经济发展提供更为有效的技术手段。这种信息经济利益是聚集经济产生的重要原因。第二，多样性经济利益。城市有别于乡村的一个重要特征是城市社会经济活动的多样性。各种思想、知识、观念等的交流，可以给居民提供丰富多彩的社会文化生活环境，还能够为新思想、新知识、新发明的涌现提供源泉。多种多样的居民与厂商聚集，会产生各种各样的产品或服务的需求和供给。产品供给和消费需求的多样性无疑会给分工及专业化的发展提供社会基础，这些均为由多样性所产生的外部经济利益。第三，大数法则利益。具有多样性的行为个体及其活动空间聚集，可以使活动都有充足的个体与之相适应，如众多社会经济活动可以给具有不同能力的居民带来就业机会。大量的经济活动主体集中在一起，能够实现对特定区位优势资源的共享。

所谓市场效应指的是由于聚集而给区域内各个经济活动主体带来市场效率提高的利益。区域聚集可以显著提高市场效率。第一，聚集引起市场空间范围内经济活动主体间的联系增多。市场是进行商品交换的场所，同一个产业内的不同企业之间具有竞争及合作的关系，不同产业的企业之间具有竞争及互补的关系，厂商和消费者之间、下游产业和上游产业之间具有供给及需求的关系。经济活动主体，包括城市居民在区域聚集，会使这种经济联系增多。第二，聚集引起市场需求增加。大量人口在区域聚集，可以带来巨大的市场需求，这种需求一方面体现为消费者个体的需求，另一方面体现为企业为保障生产及扩大再生产对原材料、能源、劳动力和设备的需求。消费者及厂商数量的增加，会引起市场需求增加[①]。第三，聚集导致市场供给能力增强。同类型厂商的聚集，会引起产品市场供给量增加。第四，各类经济活动主体在区域聚集，能够拉近生产者和消费者、原料生产商和厂商及具有内在经济联系的活动主体间的空间距离，这样可以降低发生经济联系或进行交易时的时间与交易成本。

各种聚集动力的作用和传导，反映了聚集动力和区域经济发展

---

① 观点引自孔凡兵、王永仓、张志永《产业集聚效应与企业成长发展》，《经济研究导刊》2011 年第 2 期，第 27~28 页。

之间的内在联系。聚集之所以可以成为动力，是因为聚集效应的存在，而聚集过程之所以发生是因为存在流入、流出和乘数三种效应。

流入效应，指的是客观上存在使经济活动主体或者要素向特定空间聚集的动机或力量。以企业为例，企业生产的目的是明确的，就是追求利润最大化，当企业根据市场需求决定生产什么和何时生产以后，企业目标的实现取决于价格、产量和成本。在同等投入的情况下，劳动效率决定产量并影响成本，要素价格决定成本，所以，可以满足企业生产要求，能提高企业劳动生产率，同时拥有低廉要素价格的区位优势会成为企业的必然选择，也就是说，优势区位具有企业向其聚集的驱动力，这就是所谓的流入效应。

流出效应指的是经济主体或者流动性要素由于某种原因从特定区位流出的现象。流出效应发生的原因有：第一，经济主体的活动内容发生变化，但是区位条件没有办法满足要求因而发生流出，例如企业生产新产品，原有区位条件在没有办法满足新产品的生产要求时发生资源流出；第二，更大空间领域中存在竞争，其他区位流入效应超过本区位流入效应时发生资源流出，例如其他区位提供的特惠政策造成本区位企业迁出等。

乘数效应是特定空间聚集的经济主体间联系与经济主体数量增加成倍数关系。任何经济主体的活动均要与其他经济主体发生联系。这种联系存在于经济主体劳动价值实现的过程中。任何生产要素均无法单独发挥作用，生产效率取决于要素组合和其内在的有机联系[①]。所以，经济联系是实现经济活动主体目标的前提与基础。

流入效应、流出效应以及乘数效应反映了聚集过程的内在机理，揭示了聚集可以成为经济发展动力的原因。聚集过程是在流入效应、流出效应以及乘数效应相互作用之下完成的。流入效应从特定空间

---

① 观点引自周新德《基于生命周期阶段的农业产业集群形成和演化机理分析》，《经济地理》2009 年第 7 期，第 1134～1138 页。

聚集开始，在乘数效应作用下形成新的流入效应，进而引起聚集度不断提高。流入效应与乘数效应交互作用，可以清晰地解释为何在特定区位聚集。流出效应与乘数效应交互作用，能够使我们清晰地解释为什么在城市与城市间、区域与区域间的竞争中，有的城市或区域的经济发展较快，而有的城市或区域经济发展较慢甚至出现倒退。

三　区域经济不平衡发展理论

区域不平衡发展理论是与区域平衡发展理论相对的，区域不平衡发展理论的依据是区域经济的发展具有不平衡性，在经济发展过程中，产业间、区域间都处于不平衡状态。平衡都是相对的，是人们对区域经济发展的追求；不平衡却是绝对的，区域经济要经过不平衡发展从而实现平衡发展。区域经济不平衡发展理论包括不平衡增长理论、循环累积因果理论、梯度转移理论、增长极理论等。

美国发展经济学家艾尔伯特·赫希曼在1958年发表的《经济发展战略》一书中提出"不平衡增长理论"。该理论认为：经济进步不会同时出现在每一处，经济增长会围绕最初的出发点集中。此外赫希曼还提出了同回流效应、扩散效应相对应的"极化效应"和"涓滴效应"。经济发展初期，极化效应占主导地位，区域间的差距会逐渐扩大；但长期来看，涓滴效应能够有效缩小区域间的差距。不平衡增长理论认为，经济增长的过程是不平衡的，发展中国家应该集中其有限的资源率先发展少数"主导部门"。不平衡增长理论的核心是关联效应原理，所谓的关联效应是各个产业部门存在的相互依存、相互影响的关联度，能以该产业产品需求价格弹性与收入弹性度量[1]。所以，一个国家选择优先发展的投资项目时，应该选取关联效应最大的产业，也就是产品需求价格弹性与收入弹性最大的产业。

---

[1]　观点引自谢晓波《区域经济理论十大流派及其评价》，《山东经济战略研究》2004年第Z1期，第60~62页。

就具有关联效应的产业而言，无论是前向联系产业还是后向联系产业，都能通过规模扩张和优先增长，逐渐增加投资，促进前向联系部门、后向联系部门乃至整个产业发展，在总体上实现经济增长[①]。不平衡增长理论突出了重点地区和重点产业的发展，有利于提高资源配置效率，其缺陷在于忽视了区域内产业间、地区间的协调发展，容易造成地区不平衡发展，导致重点地区和一般地区间的经济差距扩大。

瑞典著名经济学家缪尔达尔提出了循环累积因果理论，后经卡尔多等人发展并且具体化为模型。循环累积因果理论认为，在动态的社会发展过程中，社会经济各个因素是相互联系、相互影响的，它们之间有着循环累积的因果关系。一个社会经济因素发生变化，将引起另一个因素随之变化，而后一个因素的变化也将反过来影响前一个因素的变化，进而使社会经济沿最初那个变化方向发展，形成累积性的循环发展趋势。通常来说，市场的力量趋于增强而非削弱区域之间的不平衡，也就是说，如果一个地区由于初始优势而比其他地区发展得快，则其凭借自身已有优势会在之后的时间里发展得更快。通过不断积累有利因素以持续超前发展，会造成区域间的不平衡进一步加剧。增长区域与滞后区域的相互作用可以产生两种相反效应：其一是回流效应，即生产要素从滞后区域向增长区域流动，导致滞后区域生产要素不足，区域经济差距拉大；其二是扩散效应，即生产要素从增长区域向滞后区域流动，区域经济差距缩小。在市场机制下，回流效应远远大于扩散效应，这意味着发达地区会更加发达，落后地区会更加落后[②]。区域经济能否协调发展，关键就在于回流效应和扩散效应孰强孰弱。欠发达地区在经济发展起飞阶

---

① 张秀生、陈先勇：《论中国资源型城市产业发展的现状、困境与对策》，《经济评论》2001 年第 6 期。聂华林、李莹华：《农村文化资源开发——西部地区农村经济发展超越之路》，《经济问题》2006 年第 1 期。

② 观点引自谢晓波《区域经济理论十大流派及其评价》，《山东经济战略研究》2004 年第 Z1 期，第 60 ~ 62 页。

段，回流效应大于扩散效应，因此区域经济难以协调发展。缪尔达尔等学者认为，推动区域经济协调发展，需要政府的有力干预，给出区域发展的政策主张。政府可以选择条件较好的地区、较好的产业优先发展，之后通过扩散效应带动其他地区发展；当经济发展到一定程度时，则应当避免由循环累积因素造成贫富差距无限扩大。政府可以通过制定相应的政策刺激落后地区发展，从而缩小地区之间的经济差距。就发展中国家而言，循环累积因果理论在解决地区经济发展差距的问题上有着重要的指导意义①。

美国经济学家弗农提出了工业生产生命周期阶段理论。该理论认为，各个工业部门以及各种工业产品，均会经历创新、发展、成熟、衰退四个阶段。区域经济学家将工业生产生命周期阶段理论引入区域经济学，建立了区域经济发展的梯度转移理论。梯度转移理论认为，区域经济发展是由区域产业结构决定的，而区域产业结构是由地区经济部门，特别是主导产业在工业生命周期中所处阶段决定的。如果一个区域主导产业部门处于工业生产生命周期的创新阶段，则表明这一区域有着较大的发展潜力，因此可以将该区域列入高梯度地区②。随着时间的推移及生命周期阶段的变化，生产活动由高梯度地区逐渐向低梯度地区转移，这种梯度转移一般是通过多层次的城市系统扩展而来的。梯度转移理论重视地区之间经济发展水平与实力的差距，该理论认为，发达地区属于高梯度地区，不发达地区属于低梯度地区。新兴产业与高技术产业应当在高梯度地区优先进行发展，传统产业应当在低梯度地区进行发展。产业结构升级过程中，产业逐步由高梯度地区向低梯度地区转移③。梯度转移理论

---

① 聂华林、李莹华：《农村文化资源开发——西部地区农村经济发展超越之路》，《经济问题》2006 年第 1 期。

② Raymond Vernon, "International Investment and International Trade in the Product Cycle," *The International Executive*, 1966, 8 (4).

③ 〔法〕弗朗索瓦·佩鲁：《略论"增长极"的概念》，《经济学译丛》1988 年第 9 期。

在分析区域发展与生产力布局时将经济效率放在首位，强调效率优先、兼顾公平。该理论应用范围较广，主要表现如下。第一，梯度转移理论符合经济发展的一般规律，有利于提高经济发展效率。该理论从客观实际出发，接受区域间不平衡的状况，率先发展条件较好的高梯度地区，之后产业和要素由高梯度地区向低梯度地区转移，促进低梯度地区发展。第二，梯度转移理论有着很强的适应性。发达地区和不发达地区的经济发展条件及经济发展水平均有一定的差异性，尤其是不发达地区，经济发展水平及条件常常呈现梯度性，按照梯度依次发展可以取得较好效果。第三，梯度转移理论容易进行实践并且取得好的效果。以我国为例，改革开放以来，我国把梯度转移理论引入经济发展总体布局及区域经济的研究当中，把全国划分为东部发达地区、中部欠发达地区和西部不发达地区三大地带，实施梯度推进，基于三大地带客观存在因势利导，充分利用梯度差的经济势能，率先发展东部沿海地区，鼓励一部分地区先富起来，集中我国有限的人力、财力、物力促进东部沿海地区发展。之后再实施梯度推进，带动中部欠发达地区和西部不发达地区发展，以期最终实现全国的平衡发展。梯度转移理论的局限性在于难以科学地划分梯度，实践过程中容易造成地区间的发展差距扩大。此外，梯度转移理论忽视了高梯度地区也会有落后区域，低梯度地区也会有相对发达区域的情况。人为限定可能造成不同梯度地区发展位置凝固化，导致差距进一步扩大。

　　法国经济学家弗朗索瓦·佩鲁在《略论"增长极"的概念》一文中正式提出了"增长极"的概念。佩鲁认为经济增长不会在所有的地方同时出现，而是先以不同强度出现在一些增长点或增长极上，再通过不同的渠道向外扩散，并最终对整个经济产生不同影响[①]。之

---

① 〔法〕弗朗索瓦·佩鲁：《略论"增长极"的概念》，《经济学译丛》1988 年第 9 期。

后，法国地理学家布代维尔在 1957 年与其他学者一起把"增长极"的概念引入地理空间，提出"增长中心"的概念。这一理论借鉴物理学的"磁极"概念，认为经济空间当中存有若干中心或极，产生类似"磁极"作用的离心力和向心力[1]。这一理论的主要观点为：区域经济发展主要是靠少数条件比较好的地区和少数条件比较好的产业来带动的，因此应将这些地区及产业培育成经济增长极。通过增长极的极化效应和扩散效应，来带动周边地区和其他产业的发展。这里所谓的极化效应指的是人才、技术和资金等生产要素向极点聚集[2]；而扩散效应则是指生产要素向外围转移。在经济发展的初级阶段，主要是增长极的极化效应增强；而发展到一定程度时，极化效应将削弱，扩散效应将增强[3]。该理论认为，一般来说，落后地区拥有广阔的土地和丰富的自然资源，但是落后地区的基础设施较差，交通运输不便，开发程度较低。在落后地区，农业占主导地位，中心城市数量少，规模小，缺少可以带动整个区域发展的中心城市。因此，加快这类地区经济发展的关键在于实施不平衡发展战略，培育一个到两个规模较大的增长极。增长极理论适用于不发达地区，增长极理论的研究对象是不发达地区的经济发展模式，因此其对不发达地区的经济发展有重要的指导意义；增长极理论有利于政府作用的发挥，以弥补市场的不足。该理论强调政府的干预手段，集中投资、重点建设、注重扩散。一般来说，不发达地区的市场机制不完善、资本稀缺，需要政府从实际情况出发，集中财力选择条件较好的少数区域、少数产业并予以重点扶持，培育较大规模的经济增

---

① Boudeville J. R., *Problems of Regional Development* (Edinburgh：Edinburgh University Press，1957).

② Boudeville J. R., *Problems of Regional Development* (Edinburgh：Edinburgh University Press，1957).

③ 李小建、乔家君：《20 世纪 90 年代中国县际经济差异的空间分析》，《地理学报》2001 年第 2 期。

长极,以带动整个地区经济发展。增长极理论实践成效显著,以我国为例,从"九五"计划开始,国家强调东部地区、中部地区和西部地区的协调发展,集中有限财力,重点突破,形成高新技术开发区、工业开发区和经济开发区。在开发区集中投资,重点建设,建立相应的配套体制,使开发区成为各地的重要经济增长极。增长极理论的局限性在于在培育增长极的过程中,可能导致增长极与周边地区的贫富差距拉大。其原因在于增长极的培育需要一个过程,在初始阶段,极化效应很强,周边地区的生产要素流向增长极,会削弱周边地区的经济发展水平。

区域经济不平衡发展理论创立之后形成了很多不同的学派及观点,没有形成一个统一的理论体系。总的来说,区域经济不平衡发展理论根据区域经济发展的长期过程当中存在的产业间、地区间的不平衡状态,主张要集中力量优先发展关联效应大的产业部门,在此基础上以该产业部门为核心进行引导及增加其对其他产业部门的投资。在区域发展方面,应当率先发展发达地区,通过发达地区的发展,带动欠发达地区发展。通过以上发展战略,利用产业以及地区的不平衡发展,来实现区域经济的高速发展,并最终实现均衡发展。实践证明,区域经济不平衡发展理论在提高国家和地区经济发展的总体效率上具有显著效果。但是,区域经济不平衡发展理论在实践中也会造成区域之间经济差距拉大,导致发达地区越来越发达,而落后地区越来越落后。事实上,各国都经历了从不平衡发展到平衡发展的过程。不平衡发展是普遍的,平衡发展是相对的。正如佩鲁在分析世界经济发展史后指出:"在整个经济发展史上,还找不到一个不同的群体和地区曾经经历了相似的、平衡的、分布均匀的增长特例,也找不到一个不同的群体和地区曾经有过分布均匀的持续增长的特例。"

就系统理论而言,只有孤立系统可以达到绝对平衡,但是现实系统均为与外界不断进行物质、能量及信息交换的开放系统，所以不存在绝对平衡。即使系统由于整体结构跃迁，不同的组成部分由于有共同模式而处于平衡状态，这种状态也是暂时的，在系统进一步发展时，这种暂时的平衡状态会被打破①。所以，平衡只是相对的，不平衡是绝对的，系统发展过程就是由不平衡发展到相对平衡发展，再到新的不平衡发展，然后再到相对平衡发展的过程②。

　　基于对上述系统理论的认识，区域经济发展过程也必须是由不平衡发展到相对平衡发展，再到新的不平衡发展，然后再到相对平衡发展的过程。区域经济发展一般以平衡发展理论或不平衡发展理论为指导，相较于平衡发展理论，不平衡发展理论具有某些进步之处③。第一，运用不平衡发展理论更易取得成功。不平衡发展理论主张优先发展发达地区或相对发达地区、优势产业或关联效应大的产业，区域经济发展过程中资金容易筹集，先进的技术和管理经验容易被接受，人才也容易聚集，因此不平衡发展理论的实施容易获得成功或收效明显。第二，不平衡发展理论突出结构效应与主导产业作用，从而有利于区域优势发挥，推动区域经济发展。第三，不平衡发展理论建立在国家间或地区间要素开放流动及市场化的基础上，因此有利于发展中国家的区域经济发展和社会进步。第四，不平衡发展理论揭示了社会经济运动的基本规律，指出，社会经济各个因素间的关系不是趋于均衡的，是以循环的方式运动且具有累计效果。第五，不平衡发展理论中的回流效应阐释了发达国家与不发达国家间差距扩大的原因。因为资本与劳动力尤其是优秀人才从不发达国家向发达国家不断流动，进而导致不发达国家经济进一步衰退。不

---

① 隋如滨、辛海涛、周玉瑛：《最小振荡条件下经济系统向平衡增长轨道转移模型》，《哈尔滨商业大学学报》（自然科学版）2001 年第 4 期。

② 隋如滨、辛海涛、周玉瑛：《最小振荡条件下经济系统向平衡增长轨道转移模型》，《哈尔滨商业大学学报》（自然科学版）2001 年第 4 期。

③ 黄继忠：《地区主导产业选择基准与方法》，《经济管理》2000 年第 6 期。

平衡发展理论亦会存在局限性[①]：一是不平衡发展理论没有充分阐述平衡与不平衡间的界限、不平衡增长内部的多种状态，提高了实践之中对增长方式界定与判断的难度；二是不平衡发展理论没有充分说明不平衡增长的制约性；三是不平衡发展理论没有充分论述不平衡发展的效果、不平衡增长对整个经济增长的影响以及从平衡增长到不平衡增长的途径；四是不平衡发展理论没有充分解释其与产业结构、主导产业的关系。

四 区域经济不平衡发展

现实中任何一个区域都不是孤立的，在其发展演进过程中，需要和其他区域发生联系。当观察不同的区域的经济发展时，就会发现区域经济发展不平衡。区域经济发展不平衡指的是多个区域之间经济发展水平的差异。区域经济不平衡发展是常态的。区域经济增长理论表明，区域经济增长路径取决于初期条件，并且各种要素的相互作用的结果是出现要素增长率的稳定状态，这也就是长期平衡状态。区际或国际贸易理论也指出，通过各区域间的贸易，区域最终实现各种要素以及商品的相对价格均等化，这意味着不同区域面临不同的经济增长或发展条件，最终世界能够实现一种理想状态，也可以说是长期平衡状态。但是，世界是非常复杂的，区域经济发展情况也很复杂。区域是空间维度，不同的区域面临不同的空间条件，并且在一般情况下这些空间条件没有办法改变。经济发展是一个长期过程，需要各种条件，经济发展受到这些条件的约束。同样地，区域经济发展亦会受到各种条件的约束，区域经济发展不平衡取决于条件的不平衡。与发展成果的不平衡相比，更核心的东西是发展条件的不平衡。从这个角度来看，区域经

---

① 黄继忠：《地区主导产业选择基准与方法》，《经济管理》2000 年第 6 期。

济的不平衡发展之所以是常态的，是因为发展条件本身不平衡也是常态的。

区域经济不平衡发展是相对的。区域经济发展是常态过程，也是不断演进的过程，人类的经济活动离不开空间，其结果表现为在区域经济发展的同时也造成了各种区域问题，区域经济的发展差距所造成的不平衡结构问题就是其中之一。从空间维度来看，经济活动尤其是生产活动是集中和扩散的不断演化的过程，为了追求更多的利益，生产活动必然集中起来，生产活动还会扩散。经济活动扩散造成各种要素的空间移动，最终使区域之间发展成果的差距缩小。不同的区域不断寻找自己的发展条件和路径，不同区域之间的要素流动在短期内对发展差距的缩小起作用，但长期来看，其要素流动反而成为扩大发展差距的主要原因。一个区域的增长速度快、另一个区域的增长速度慢，产生不平衡的发展结构。收敛假设指出，发达地区增长速度相对缓慢，欠发达地区增长速度相对较快，两个地区可以达到一种稳定的状态。然而，不平衡依然存在，因为欠发达地区快速发展时，发达区域同样也在发展。虽然相较于欠发达地区，发达地区的发展速度较慢，但是发达地区的发展成果远远超过欠发达地区。

区域经济不平衡具有差异性：有些区域间的差异是无法通过自身努力消除的，比如对于自然资源匮乏、自然条件恶劣的区域来说，仅仅通过改造产业结构，其仍无法赶上自然资源丰富、自然条件良好的区域，很多长期处于落后状态的偏远地区就属于这种类型；有些区域间的差异能够通过自身努力消除，比如有些地区发展领先是源于其较好的历史基础或者政策倾向，那么相对落后的地区可以通过完善自身制度以及借助技术创新实现赶超。很多新兴地区、城市以及国家属于这种类型。

区域经济不平衡发展的原因是多种多样的，从一定意义上说，区域经济发展不平衡的内在动因是区域经济发展循环阶段的差异和要素聚集的差异。不同区域由于处于不同的发展阶段,呈现明显的不平衡性。不同的区域具有不同的要素和条件,要素聚集能力和约束也不同,这些都决定了区域经济发展不平衡是区域经济发展的必然表现形式。

第三章
新资源配置理论构建的必要性分析

第一节　传统创新资源配置理论的失效

我国国土面积大、人口众多、资源丰富，不同区域之间存在明显的差异，区域问题是我国经济发展必须面对的重大问题。1978 年，邓小平在《解放思想，实事求是，团结一致向前看》的重要讲话中指出："在经济政策上，我认为要允许一部分地区、一部分企业、一部分工人农民，由于辛勤努力成绩大而收入先多一些，生活先好起来。一部分人生活先好起来，就必然产生大的示范力量，影响左邻右舍，带动其他地区、其他单位的人们向他们学习。这样，就会使整个国民经济不断地波浪式地向前发展，使全国各族人民都能比较快地富裕起来。"

1978 年党的十一届三中全会做出了把党的工作重心转移到经济建设上来。我国区域发展战略从区域均衡发展转变为区域非均衡发展，发生了重大调整，并制定了一系列向沿海地区倾斜的战略举措。1988 年，邓小平同志提出"两个大局"战略构想，率先发展沿海地区，沿海地区发展壮大后再反过来帮助内地发展。"六五"计划时期和"七五"计划时期是实践区域非均衡发展战略的两个重要阶段①。

1979 年 4 月，邓小平同志提出创建"经济特区"。1980 年 5 月，中共中央、国务院决定将深圳、汕头、珠海、厦门四个出口特区改称经济特区。经济特区是我国特有的称谓，是为了可以吸引和有效利用外国资金和技术到中国进行生产、发展贸易、繁荣经济设置的特别地区。这些特别地区享有特殊政策：经济特区推行对外开放政策，通过营造良好的投资环境吸引外商投资，引进先进的技术和科学的管理方法，从而促进地区经济技术发展。非均衡发展战略的实施取得显著成效，但是也随之带来一些问题：第一是沿海地区与内陆地区间的经济发展差距不断扩大，主要表现为经济增长的不平衡和经济社会发展的不平衡；第二是区域产业结构失衡，以各地政府为首的投资主体均选择发展价格高、利润多的产品，产生资源浪费问题和环境恶化问题；第三是内陆地区的经济要素大量流出，这严重制约内陆地区经济发展和市场发育；第四是国家对沿海地区的特殊优惠政策，导致各区域在极不公平的环境之中竞争。

在这种情形下，区域经济学者基于梯度转移理论，提出推进梯度转移和三大地带划分的发展新思路。根据梯度转移理论，首先让自身具有优势的高梯度地区引进并掌握先进的技术，接下来依次向处于二级梯度和三级梯度的地区进行转移，随着经济发展和梯度转移逐渐缩小地区间差距，从而实现经济发展的相对均衡。具体内容如下。第一阶段，基于资源禀赋的初始差异，把我国划分为创新资源高梯度地区与创新资源低梯度地区。创新资源高梯度地区拥有更为充分的创新资源禀赋，而低梯度地区拥有的创新资源禀赋十分匮乏。基于新古典增长理论，地区间创新资源禀赋的差异会使创新资源高梯度地区的生产能力得到本质提升，而低梯度地区由于有限的

---

① 观点引自肖金成、安树伟《从区域非均衡发展到区域协调发展——中国区域发展 40 年》，《区域经济评论》2019 年第 1 期，第 13～24 页。

创新资源存量难以实现经济进步，地区间生产与经济势能鸿沟愈发加深，高梯度地区创新资源配置能力会明显优于低梯度地区。第二阶段，在高梯度地区较高的资源配置效率和"效率优先"政策的双重强化与驱使下，创新要素由低梯度地区向高梯度地区转移，在高梯度地区形成创新资源集聚。创新资源流量上的调整，一方面会进一步夯实高梯度地区物质基础，使其享受创新资源集聚的益处；另一方面会进一步转移低梯度地区的创新资源，这对低梯度地区来说无疑雪上加霜，极大地抑制低梯度地区的经济增长。第三阶段，创新资源高梯度地区的创新资源集聚通过技术交易平台、区域创新网络、示范模仿行为等途径实现技术扩散。在"兼顾公平"资源配置模式下，技术、资本、人力、设备等要素向创新资源低梯度地区流动，创新资源集聚的反补作用开始显现，为低梯度地区经济追赶指明可行路径。如图 3.1 所示，梯度转移理论清晰呈现了创新资源转移过程中不同地区的福利变化，理论上这种资源配置方式有助于落后地区（低梯度地区）对经济差距进行弥合①。

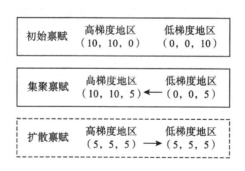

图 3.1　传统资源配置理论——梯度转移理论的思想理念

20 世纪 80 年代，随着梯度转移理论的引入，国内以区域经济学

---

① 观点引自黄蕊、金晓彤《我国区域经济非平衡非充分发展的解决路径：创新资源配置方式的优化与重构——基于后发优势理论视角》，《经济问题》2018 年第 10 期，第 1~7、46 页。

家陈栋生为代表的学者提出了东中西部三大地带划分的设想。从客观来说，东中西部三大地带的经济技术梯度，既表现在经济发展水平上，亦体现在经济结构及对外开放程度上，东部地区高于中部地区，中部地区高于西部地区，从而形成东中西部三大地带的梯度发展格局。1984年，陈栋生在《"七五"和后十年（1990－2000年）中国生产力布局战略研究》报告中，第一次提出了"三个地带"划分的设想。区域经济发展的基本思路是：正确处理好东中西部三大地带的关系，充分发挥东中西部三大地带各自具备的优势，发展地带间的横向经济联系，把东部地区发展与中部、西部地区开发结合起来，全面振兴经济，实现人民共同富裕①。

"七五"计划纲要第一次将我国划分为东部发达地区、中部欠发达地区以及西部不发达地区三大地带，并且强调率先开发东部沿海地区，中部地区是能源与原材料建设的重点，西部地区是战略后方，根据梯度转移理论遵循先东部地区后中部地区再西部地区的顺序，也就是从高梯度地区向低梯度地区推移。让部分地区先发展起来，之后先富地区带动欠发达地区和不发达地区实现经济发展，最终实现共同富裕②。

在我国真实的区域经济发展历程中往往存在"效率优先，公平滞后"的窘境，高梯度地区创新资源集聚的扩散效应微乎其微。对部分指标我们从首次明确划分东部、中部和西部三大区域的"七五"计划开始，对过去每个五年计划（规划）的最后一年的相关情况进行统计，即统计1990年（"七五"计划最后一年）、1995年（"八五"计划最后一年）、2000年（"九五"计划最后一年）、2005年（"十五"计划最后一年）、2010年（"十一五"规划最后一年）、

---

① 观点引自肖金成、安树伟《从区域非均衡发展到区域协调发展——中国区域发展40年》，《区域经济评论》2019年第1期，第13～24页。

② 观点引自冯雪艳《改革开放40年中国区域经济学理论的演进》，《改革与战略》2018年第7期。

2015 年（"十二五"规划最后一年）的相关情况，具体如下（部分指标缺少 1990 年数据）。

首先是各区域生产总值情况。从图 3.2 中可以清晰看到：1995～2015 年，我国东部、中部和西部三大区域的生产总值均表现出快速增长的态势。东部地区生产总值从 1995 年的 32639.33 亿元增长到 2015 年的 401651.69 亿元，中部地区生产总值从 1995 年的 14414.93 亿元增长到 2015 年的 176097.26 亿元，西部地区生产总值从 1995 年的 10587.81 亿元增长到 2015 年的 145018.92 亿元。进一步分析各区域生产总值占全国的比重情况可以发现，东部地区生产总值占全国的比重由 1995 年的 56.6% 上升到 2005 年的 59.5% 后下降到 2015 年的 55.6%，中部地区生产总值占全国的比重由 1995 年的 25.0% 下降到 2005 年的 23.4% 后上升到 2015 年的 24.4%，西部地区生产总值占全国的比重由 1995 年的 18.4% 下降到 2005 年的 17.1% 后上升到 2015 年的 20.1%，总体来说，各区域生产总值占全国的比重变化不大。

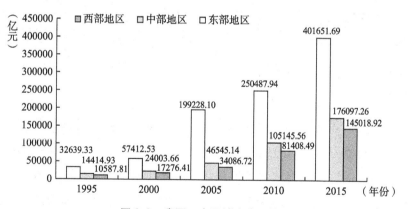

图 3.2　我国三大区域生产总值

注：按当年价格计算。2004 年以前地区生产总值数据执行《国民经济行业分类》（GB/T 4754—1994），2004～2012 年地区生产总值数据执行《国民经济行业分类》（GB/T 4754—2002），三次产业划分根据《三次产业划分规定》（2003）。从 2013 年开始，行业分类执行《国民经济行业分类》（GB/T 4754—2011），三次产业划分根据《三次产业划分规定》（2012）。

资料来源：国家统计局。

其次是各区域人均生产总值情况。从图 3.3 中可以清晰看到：1995～2015 年，我国东部、中部和西部三大区域的人均生产总值均表现出快速增长态势。东部地区人均生产总值从 1995 年的 92449 元增长到 2015 年的 829956 元，中部地区人均生产总值从 1995 年的 29612 元增长到 2015 年的 330719 元，西部地区人均生产总值从 1995 年的 38260 元增长到 2015 年的 484923 元。进一步分析各区域人均生产总值之比，东部和西部区域的人均生产总值之比由 1995 年的 2.42∶1 扩大到 2000 年的 2.55∶1，后逐渐缩减到 2015 年的 1.71∶1。

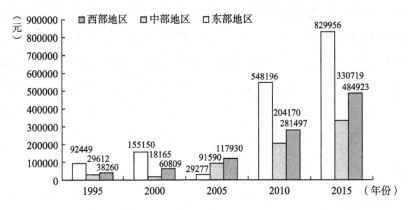

图 3.3　我国三大区域人均生产总值

资料来源：国家统计局。

再次是各区域居民消费水平情况。从图 3.4 中可以清晰看到：1995～2015 年，我国东部、中部和西部三大区域的居民消费水平都表现出快速增长态势。东部地区居民消费水平从 1995 年的 36823 元增长到 2015 年的 299423 元，中部地区居民消费水平从 1995 年的 14330 元增长到 2015 年的 122092 元，西部地区居民消费水平从 1995 年的 18845 元增长到 2015 年的 176651 元。进一步分析各区域居民消费水平之比，东部和西部区域的居民消费水平之比由 1995 年的 1.95∶1 扩大到 2000 年的 2.04∶1，后逐渐缩减到 2015 年的 1.69∶1。

又次是各区域全社会固定资产投资情况。从图 3.5 中可以清晰

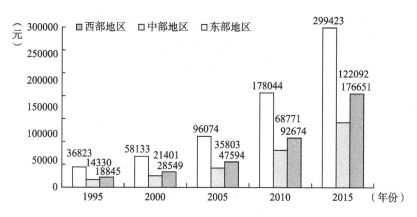

图 3.4　我国三大区域居民消费水平

资料来源：国家统计局。

看到：1990～2015 年，我国东部、中部和西部三大区域的全社会固定资产投资都呈现快速增长态势。东部地区全社会固定资产投资从1990 年的 2345.43 亿元增长到 2015 年的 250025.1 亿元，中部地区全社会固定资产投资从 1990 年的 1048.18 亿元增长到 2015 年的166005.82 亿元，西部地区全社会固定资产投资从 1990 年的 732.92亿元增长到 2015 年的 140416.56 亿元，三大区域全社会固定资产投资的增长均超百倍。进一步分析各区域全社会固定资产投资之比，

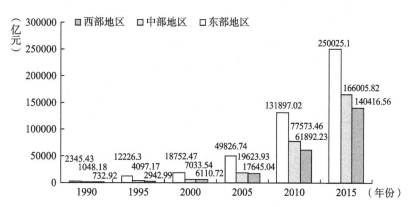

图 3.5　我国三大区域全社会固定资产投资

资料来源：国家统计局。

东部和西部区域的全社会固定资产投资之比由 1990 年的3.20∶1 扩大到 1995 年的 4.15∶1，后逐渐缩减到 2015 年的 1.78∶1。

最后是规模以上工业企业相关指标。1998～2006 年，规模以上工业是指全部国有及年主营业务收入在 500 万元及以上的非国有工业法人企业；从 2007 年开始，按照国家统计局的规定，规模以上工业的统计范围为年主营业务收入在 500 万元及以上的工业法人企业；2011 年，经国务院批准，纳入规模以上工业统计范围的工业企业起点标准从年主营业务收入为 500 万元提高到 2000 万元。从图 3.6 中可以清晰看到：由于规模以上工业企业的标准发生过调整，受到起点标准调高的影响，1995～2015 年，我国东部、中部和西部三大区域的规模以上工业企业单位数没有呈现递增的趋势。进一步分析各区域规模以上工业企业单位数之比，东部和西部区域的规模以上工业企业单位数之比由 1995 年的 2.02∶1 上升到 2005 年的 6.69∶1，后逐渐缩减到 2015 年的 4.67∶1，整体来说，东西部区域之间的差距扩大。

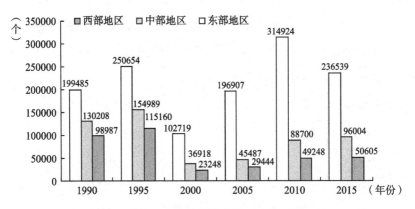

图 3.6　我国三大区域规模以上工业企业单位数

资料来源：国家统计局。

进一步观察 2015 年东部、中部和西部三大区域规模以上工业企业相关科技指标（指标仅能取得"十二五"规划最后一年的数据）——规模以上工业企业 R&D 人员全时当量、规模以上工业企业新产品项目数、规模以上工业企业专利申请数三个指标，其中，东部地区规模以上工业企业 R&D 人员全时当量是西部地区的 7.40 倍；东部地区规模以上工业企业专利申请数是西部地区的 6.39 倍，东西部区域之间存在较大差异（见图 3.7、图 3.8）。

从以上分析当中可以看出，在中国真实的区域经济发展历程中，非均衡发展战略的实施造成区域经济差异问题日益凸显。早在"九五"计划开始实施时，国家就在考虑区域发展差距扩大的问题。1995 年《中共中央关于制定国民经济和社会发展"九五"计划和 2010 年远景目标的建议》把"坚持区域经济协调发展，逐步缩小地区发展差距"作为之后 15 年国民经济和社会发展必须认真贯彻的重要方针，提出"从'九五'开始，要更加重视支持内地的发展，实施有利于缓解差距扩大趋势的政策"。1997 年党的十五大报告中强调促进地区经济合理布局和协调发展，标志着区域协调发展战略取代不平衡发展战略，并制定了一系列政策措施。我国东部、中部和西部三大区域的相关指标间的差距得到一定的缩减，但是程度有限，且目前看来，东部、中部和西部三大区域间仍然存在较大差距。

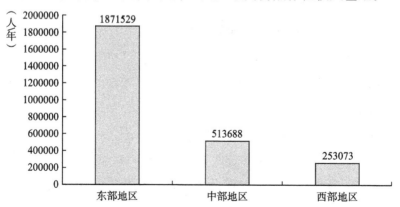

图 3.7　2015 年我国三大区域规模以上工业企业 R&D 人员全时当量

资料来源：国家统计局。

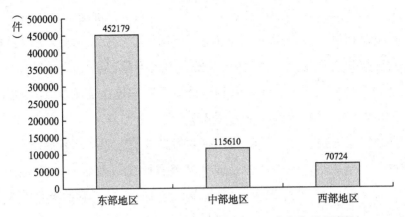

图 3.8　2015 年我国三大区域规模以上工业企业专利申请数

　　早在 2013 年，广东省的地区生产总值就超过世界第 16 大经济体印度尼西亚，而同年西藏自治区的地区生产总值只相当于世界排名第 122 的阿尔巴尼亚；2013 年北、上、广人均 GDP 已经超过世界平均水平约 1.06 万美元，而同年贵州人均 GDP 不及世界排名第 110 的佛得角。现实的事实是：预期中东部沿海地区产业大规模地向中部、西部地区进行转移的现象并没有如期出现，地区之间产业梯度转移未能得以在各级政府的优惠政策引导下迅速进行，中部、西部地区在承接产业转移的过程当中也没有表现出明显的产业升级[①]。

　　高梯度地区创新资源的集聚效应远远大于创新资源的扩散效应。创新资源从低梯度地区流入高梯度地区后，就形成了资源固化，低梯度地区逐渐丧失了吸引创新资源回流的有效手段。理论层面上高梯度地区与低梯度地区间要素转移的对称性补偿机制未能在现实中得以建立。

　　集群经济是现代经济的特征之一，产业集群是指在特定区域中，具有竞争与合作关系，在地理上集中且有交互关联性的企业、专业

---

①　刘友金、吕政：《梯度陷阱、升级阻滞与承接产业转移模式创新》，《经济学动态》2012 年第 11 期，第 21～27 页。

化供应商、服务供应商、金融机构、相关产业的厂商及其他相关机构等组成的群体①。许多产业集群还包括由于延伸而涉及的销售渠道、顾客、辅助产品制造商、专业化基础设施供应商等。产业集群能够形成巨大的规模及需求，使集群内的企业可以获取低成本高品质的供给，并从公共基础设施、专业化市场、分工协作网络、融资渠道等集群外部效应中获利。因此，企业在确定投资区位时，倾向于向产业集群地区聚集。

具有前后向联系的企业集聚可以节约交易成本。在我国，产业集群主要集中在东部沿海地区，由于长期的不平衡发展，东部沿海地区的产业集群化程度较高，产业链较为完整；中部、西部地区产业集群化程度较低，本地配套能力较弱。如果东部沿海地区的集群企业向中部、西部地区转移，那么这些企业不仅将丧失在原先产业集群中享有的优势，同时也会增加交易成本。

区域经济发展到一定阶段，将区域内的劳动密集型产业转出有利于调整产业结构，理论上应该得到地方政府的支持。然而由于地方政府的利益相对独立，支配地方政府经济行为的主要动机就是实现地方经济增长以及追求地方财政收入最大化。一些对于东部沿海地区来说本应转出的劳动密集型产业，可能对于当地经济发展和财政收入尚能发挥正向作用。如果先进制造业或高新产业未能快速发展，就可能造成地方税收减少、就业水平下降。所以出于保障本地财政收入和充分就业的双重考量，地方政府不会支持本地企业向外转移，对于那些本应淘汰的低端产业，地方政府甚至会利用税收减免、财政补贴等政策支持企业向本地次梯度地带转移②。GDP 竞争使地方政府这只"有形的手"持续干预市场要素的流动，为东部沿

---

① 王其和、夏晶、王婉娟：《产业集群生命周期与政府行为关系研究》，《当代经济》2010 年第 20 期，第 164～166 页。

② 周五七、曹治将：《中部地区承接东部产业梯度转移的壁垒与对策》，《改革与战略》2010 年第 10 期。

海地区产业向中部、西部地区转移设置了人为壁垒。地方政府 GDP 竞争，使产业区内转移比产业区际转移更有吸引力，这也会影响资源在全国范围内的最佳配置。

根据梯度转移理论，高梯度地区是其主导产业处于创新阶段或发展阶段的地区。一般来说，高梯度地区完成产业结构调整后，创新主导产业的技术溢出会推动产业在空间和规模上的拓展，从而使低端产业从高梯度地区向低梯度地区转移，成为产业梯度转移的内在动因①。所以，创新主导产业的形成是产业转移的内在条件，只有创新主导产业形成一定规模，产业梯度转移才可能大规模发生。我国东部沿海地区的产业结构调整尚未完成，创新主导产业尚未形成一定规模，因此大规模的产业梯度转移无法实现。事实上，我国长三角、珠三角等东部沿海地区产业转移的主要动因在于原材料、劳动力、土地等生产要素成本的提高，被动的产业转移无法从内部发展出高端的替代产业，如果进行大规模的梯度转移就可能导致产业空心化②。

高梯度地区创新环境良好，资源配置效率较高，引致低梯度地区的创新资源自发式外逃。1992 年，我国进行社会主义市场经济体制改革，开始从计划经济体制向市场经济体制进行转变，市场在资源配置当中的基础性作用越来越突出。根据缪尔达尔的循环累积因果理论，通常市场的力量倾向于增加而不是减少区域间的不平衡③。

与之相应地，创新资源外流会严重抑制资源净输出地区的后发优势，创新资源在行政指令和市场调配中的逃离状态，进一步巩固了创新资源的区域极化趋势。Mohnen 和 DeBresson 在研究区域创新资源集聚问题时，首次提出"创新极"的概念。他们指出，区域间

---

① 刘毅：《谨防产业转移陷阱》，《珠江经济》2008 年第 8 期。
② 观点引自刘友金、吕政《梯度陷阱、升级阻滞与承接产业转移模式创新》，《经济学动态》2012 年第 11 期，第 21～27 页。
③ 观点引自冯雪艳《改革开放 40 年中国区域经济学理论的演进》，《改革与战略》2018 年第 7 期。

创新能力的差异主要是由于创新极化程度的不断加深[①]。

在上述背景之下，非均衡的创新资源配置模式对于欠发达地区来说无疑雪上加霜。此外，欠发达地区创新配套建设相对滞后，技术承接力不足，对高梯度地区的技术无法消化吸收。诚然中国各省域由于自然因素、地理条件等的不同，要素禀赋的存储量和吸纳水平千差万别，但"效率优先，兼顾公平"的资源配置方式才是造成创新资源逐渐向特定区域集聚的根本原因。由此可见，传统资源配置理论存在现实失效的情形[②]。

第二节　基于后发优势理论视角的传统创新资源配置方式的缺陷

完全释放后发优势，对于落后地区而言不仅能够充分发掘增长潜能，实现经济充分发展，而且能够加快经济追赶、弥合地区之间的经济发展差距。

在静态分析层面，成功激发后发优势有着苛刻的前提条件。资源禀赋的梯度转移，需要落后地区完成制度和技术的双重承接，以实现经济势能差和技术差距的弥合。若低梯度地区尚不具备承接能力，则仅靠高梯度地区创新资源的扩散，难以实现资源的有效回流和创新红利的释放，扩散效果微乎其微。

就技术承接能力而言，可以把生产要素分为初级生产要素及高级生产要素。初级生产要素一般包含土地和自然资源、非熟练劳动

---

① 宋丽思、陈向东：《我国四大城市区域创新空间极化趋势的比较研究》，《中国软科学》2009 年第 10 期。

② 观点引自黄蕊、金晓彤《我国区域经济非平衡非充分发展的解决路径：创新资源配置方式的优化与重构——基于后发优势理论视角》，《经济问题》2018 年第 10 期，第 1~7、46 页。

力、资金等；高级生产要素一般包含先进制造技术、教育和研发机构、受过良好教育的人力资本等。通常来讲，建立在初级生产要素基础上的产业层次是比较低的，例如劳动密集型产业、资本密集型产业；建立在高级生产要素基础上的产业层次是比较高的，例如知识密集型产业、先进制造业。

东部沿海地区以本区域内建立在高级生产要素基础上的产业，比如知识密集型产业、先进制造业，逐渐置换本区域内建立在初级生产要素基础上的产业，比如劳动密集型产业、资本密集型产业，并将这些劳动密集型产业、资本密集型产业向中部、西部地区进行转移，从而给本区域发展基于高级生产要素的产业集中资源和提供空间。而中部、西部地区具有初级生产要素的优势，将本地区丰富的初级生产要素同转入的劳动密集型产业、资本密集型产业结合。区域一旦形成某种产业分工格局，那么在之后较长的时间中，各种经济活动都将被固定在这种产业分工格局中而很难打破，造成承接地产业的低端锁定，产业升级受阻。此外，转入的产业可能属于高度消耗自然资源的产业或者高度污染生态环境的产业，对于承接地来说，这种类型的产业可能会给其带来一段时间的经济增长，但是会对其长期发展产生不利影响。

国际产业转移在我国东部沿海地区经历了几十年的发展，对于这些跨国公司来说，通常是基于母公司的技术，通过转入地区的区位优势、庞大市场、廉价资源等来提升跨国公司自身全球生产网络的整体竞争优势。如果是这些跨国公司主导的产业内迁，那么很可能只是在利用完中国东部沿海地区要素禀赋之后，再去"掠夺"中国中部、西部地区的要素资源[①]。中部、西部地区如果承接这种产

---

① 刘志彪、张少军：《中国地区差距及其纠偏：全球价值链和国内价值链的视角》，《学术月刊》2008 年第 5 期。周勒、周绍东：《产品内分工与产品建构陷阱：中国本土企业的困境与对策》，《中国工业经济》2009 年第 8 期。

业，那么当地企业极有可能失去实现技术能力提升的机会①。

从产业间的分工到产业内的分工，从产业内的分工再到产品内的分工，一个产品的不同生产工序可能由分散在世界各地的企业完成。在这种情形下，从高梯度地区向低梯度地区转移的可能只是产业链中的低端环节，那么这种产业转移并不能够提高低梯度地区的技术水平，反而可能导致区域间技术差距进一步扩大②。从我国东部沿海地区的产业转移情况来看，尽管中部、西部地区承接了高科技产业，但核心技术大多仍在东部沿海地区，导致中部、西部地区对东部地区生产技术严重依赖，丧失技术创新的动力与能力。

就落后地区而言，为避免创新资源在扩散过程中因"消化不良"而产生不必要的流失，低梯度地区应增强学习吸收能力，主要体现为对高端人才的吸纳和引进。习近平总书记说："发展是第一要务，人才是第一资源，创新是第一动力。"技术的引进、消化和吸收都离不开高端人才及配套的培训。落后地区通过效仿等手段难以从本质上实现对经济技术的突破。落后地区不能一直停留在技术的引进和模仿阶段，一定要通过人力资本投入和智力支撑，向技术的创新阶段过渡。归根结底，人力资本才是技术创新的根本动力。通过智力投入，将创新资源转换为生产能力，才能激发后发优势，打通资源扩散的"脉络"，进而加速产业周期的"新陈代谢"，实现循环积累和产业结构的升级。通过引进人才，创建适合低梯度地区发展的高端技术转换体系，才能真正释放创新红利。由于中西部地区的产业不发达，每年有很多人出于就业机会、薪酬水平等的考量从中西部地区涌向东部沿海地区，受过良好教育的人才也都是"孔雀东南飞"。国家发展和改革委员会根据第五次以及第六次人口普查结果的

---

① 王益民、宋琰纹：《创新型集群与运营型集群：基于全球价值链的集群间国际分工——以全球硬盘驱动器（HDD）产业演化过程为例》，《中国科技论坛》2007 年第 9 期。

② 李亦亮：《承接长三角产业转移对安徽产业创新的负面影响》，《宜春学院学报》2011 年第 1 期。

分析发现，东北地区年均人口净流出超过 20 万人，并且多为高层次人才[1]。

就制度承接能力而言，制度夹生常常是造成后发优势陷阱形成的主要原因[2]。长期来看，制度是影响经济增长的核心因素之一。人们在经济活动中行为方式的变化，是造成经济增长变化的重要根源。制度环境、制度变迁都会强烈影响并改造人们的经济活动和态度，从而影响经济增长的情况。而作为经济增长的内生变量，制度的构建和完善是一个循序渐进的过程。

通常，低梯度地区的制度建设存在诸多弊端，与高梯度地区相比严重滞后。低梯度地区由于硬环境建设和软环境建设均滞后，造成创新资源在现有制度下不能实现良性配置，也就是说，制度建设的滞后会严重影响创新资源的配置效率，同时影响落后地区后发优势的释放。

在静态分析层面，尽管根据"后发优势"理论，通过技术手段的激发，落后地区将迎来可观的后续发展，从而缩小经济实力的差距，但落后地区有限的创新资源在创新极化作用下不断流向高梯度地区，致使创新资源在发达省域累积，高梯度地区通过对资源的高效配置不断实现自我能力增强与突破。创新极化效应与扩散效应的非对称性发展，在促进高梯度地区经济水平节节攀升的同时也造成了落后地区经济水平的断崖式下降。长此以往，这将直接引致落后地区出现创新资源的"空心化"。

通过观察我国的低梯度地区发现，低梯度地区基本上都面临人才外流问题，例如东北地区大量人才外流。高精尖科研人员和技术员工不愿再扎根东北，"出走"南方省份，这一现实会严重动摇东北

---

[1] 观点引自《东北人口困局：每年净流出 20 万人》，新浪网，http://finance.sina.com.cn/roll/2016 - 04 - 26/doc-ifxrprek3335590.shtml。

[2] 郭将：《区域后发优势形成的技术和制度支持》，同济大学博士学位论文，2006。

经济再振兴的根基。高素质人力资本的"出走",削弱了落后地区的技术承接能力,抑制了后发优势的释放。可见,创新极化现象的加剧从某种程度上来说是对区域经济"马太效应"的强化和巩固。由于落后地区缺少基本的技术和人才要素作为增长驱动基础,释放后发优势的第一个理论前提无法达成[①]。

同时,传统资源配置制度(梯度转移理论)是创新极化现象形成的主要原因,其主要缺陷是缺乏科学的对称性补偿设计。高梯度地区的技术反馈和溢出未能得到落后地区配套性扶持政策的支持和互动,这导致落后地区释放后发优势的第二个理论前提无法达成[②]。现有的创新资源配置方式中的创新极化现象抑制落后地区释放后发优势。而落后地区后发优势的无法转化,是我国出现区域经济不平衡不充分发展的根源所在。

第三节　新资源配置理论构建的必要性

2017 年,中国共产党第十九次全国代表大会报告中指出:中国特色社会主义进入新时代,我国社会主要矛盾已经转化为人民日益增长的美好生活需要和不平衡不充分的发展之间的矛盾。在报告中习近平总书记提及发展不平衡不充分的问题,可见主要矛盾的解决已成为新时期我国经济工作的重中之重。我们需要独立、辩证地看待发展的不平衡与不充分。发展不平衡,指的是经济社会体系结构

---

① 观点引自黄蕊、金晓彤《我国区域经济非平衡非充分发展的解决路径:创新资源配置方式的优化与重构——基于后发优势理论视角》,《经济问题》2018 年第 10 期,第 1~7、46 页。

② 观点引自黄蕊、金晓彤《我国区域经济非平衡非充分发展的解决路径:创新资源配置方式的优化与重构——基于后发优势理论视角》,《经济问题》2018 年第 10 期,第 1~7、46 页。

的比例关系不合理、包容性不够和可持续性不足，特别表现在区域发展非协调的问题上。党的十九大报告把"区域协调发展战略"作为国家七大战略之一，区域协调发展战略是新时代推动中国区域发展的重大部署。

2018 年 11 月发布《中共中央　国务院关于建立更加有效的区域协调发展新机制的意见》，指出："实施区域协调发展战略是新时代国家重大战略之一，是贯彻新发展理念、建设现代化经济体系的重要组成部分。党的十八大以来，各地区各部门围绕促进区域协调发展与正确处理政府和市场关系，在建立健全区域合作机制、区域互助机制、区际利益补偿机制等方面进行积极探索并取得一定成效。同时要看到，我国区域发展差距依然较大，区域分化现象逐渐显现，无序开发与恶性竞争仍然存在，区域发展不平衡不充分问题依然比较突出，区域发展机制还不完善，难以适应新时代实施区域协调发展战略需要。"①

经济发展迅速、技术先进、极具创新禀赋的高梯度地区形成的强大引力会不断吸收落后地区的资源、投资、人才等要素。一方面，这种创新资源的转移有助于提升高梯度地区的生产能力和效率，在为巩固物质基础发挥积极作用的同时形成了新的实物资本，实现了创新资源的循环积累以及水平的自我增强；另一方面，这对落后地区的经济发展而言无异于火上浇油，资本的抽离、人才的流失都将极大地抑制低梯度地区的经济发展速度，导致梯度间技术经济势差不断扩大。伴随着创新禀赋的逆梯度转移，高梯度地区的创新资源和优质要素达到一定的密度和规模，形成极具创造性的团队，加之高技术含量产品项目的引进和产业结构的及时调整，会对创新资源

---

① 观点引自《中共中央 国务院关于建立更加有效的区域协调发展新机制的意见》，中华人民共和国中央人民政府网，http://www.gov.cn/zhengce/2018 – 11/29/content_5344537.htm。

产生巨大引力。

我国社会主要矛盾的破解需要依靠后发优势。从理论上来说，落后地区通过激发后发优势，可以释放经济潜力，实现经济赶超。后发优势既能够弥合区域经济非平衡的弊端，亦可以帮助经济实现充分发展。但是现实当中，后发优势由于受到传统资源配置机制的限制，未能得以完全激发①。我国区域创新资源的协调急需一种新的资源配置方式。更为重要的是，在通过创新资源优化配置设计方案促进落后地区释放后发优势时，一定要紧密依托"兼顾公平"原则，同时严格遵循区域创新极化的演进规律。创新资源配置方案的优化与重构将成为落后地区后发优势释放与区域经济非平衡非充分发展矛盾解决的重要路径。依托后发优势化解社会主要矛盾，需要优化现有的资源配置机制。

在不违背市场机制的前提下，构建更合理的创新资源配置制度，通过创新资源的共享以及区域创新网络的建设实现资金、技术等要素从高梯度地区向低梯度地区流动，更好地将技术溢出效应辐射至后发地区，从而惠及落后地区，使落后地区能够借助政策引导，掌握更多的创新资源。

同时，通过调整资源配置方式，一方面落后地区能够进行制度改良，构筑适合科技创新活动开展的政策软环境，从而避免技术引进过程中的制度夹生；另一方面能够引导创新资源回流至落后地区，充分发挥高梯度地区创新极化的技术扩散效应②。在充分发挥高梯度地区的扩散效应的同时协助落后地区完善承接计划，激发落后地区的后发优势潜能，实现区域经济协调发展，化解我国社会主要矛盾。

---

① 黄蕊、金晓彤：《我国区域经济非平衡非充分发展的解决路径：创新资源配置方式的优化与重构——基于后发优势理论视角》，《经济问题》2018 年第 10 期，第 1~7、46 页。

② 黄蕊、金晓彤：《我国区域经济非平衡非充分发展的解决路径：创新资源配置方式的优化与重构——基于后发优势理论视角》，《经济问题》2018 年第 10 期，第 1~7、46 页。

第四章
我国区域经济非平衡的典型化事实

第一节 我国区域经济非平衡的形成原因

基于文献述评，本书认为我国社会主要矛盾的化解需要依靠后发优势，而后发优势能否被成功释放，也受制于社会主要矛盾所引致的区域创新资源非均质分布程度，故创新资源配置、后发优势与不平衡不充分发展之间的内在关系可以概括为互为因果，彼此影响。

一 "效率优先"原则下传统创新资源配置方式的内在机理

改革开放以来，中国始终秉持"效率优先，兼顾公平"的原则，并在技术创新方面实现了跨越式进步。追本溯源，这一资源配置理念遵循了传统资源配置理论——梯度转移理论。

然而，在中国真实的区域经济发展历程中往往存在"效率优先，公平滞后"的窘境，本书认为，归根结底，在于理论层面上高、低梯度地区间要素转移的对称性补偿机制难以在现实中建立。具体而言，一方面高梯度地区创新环境优良，资源配置效率突出，这将使低梯度地区的创新资源自发式外逃。与之相应，低梯度地区创新配套建设滞后，技术承接能力不足。另一方面，现有的对称性补偿政策往往存在设计笼统、落实不力的缺陷。对于如何科学界定低梯度地区的补偿数额与规模，并在形成创新资源均衡配置的同时减少政府的寻租可能，仍亟待探讨。

综上所述，传统资源配置理论存在现实失效的情形，故在不违背市场机制的前提下，科学进行创新资源的平衡配置，并为落后的创新资源输出更多的政策性补偿，实现区域协调发展，势在必行。

二　基于后发优势理论视角的传统创新资源配置方式的缺陷

后发优势被成功激发存在苛刻的实现前提。方大春指出，落后地区需要拥有足够的技术与制度承接能力，才能实现经济追赶[1]。这意味着，技术承接能力和制度承接能力缺一不可，它们是落后地区后发优势得以释放的两大重要前提。在动态分析层面（创新要素流动），创新极化现象对落后地区后发优势的释放有何影响？落后地区有限的创新资源在创新计划作用下不断流向高梯度地区，长此以往，这不仅将直接引致落后地区形成创新资源的"空心化"[2]，还将极大削弱其技术承接能力。落后地区缺少基本的人力与技术要素，其后发优势释放的第一大前提便无法达成。同时，传统资源配置制度（梯度转移理论）是创新极化现象形成的主要原因，高梯度地区的技术反馈与溢出无法得到落后地区配套性扶持政策的支持，即落后地区仍在低效率地树立资源均衡配置理念，这也引致其后发优势释放的第二大前提无法达成。

三　传统创新资源配置方式引致区域经济非平衡非充分发展矛盾深化

创新资源配置、后发优势与区域经济非平衡非充分彼此相生相

---

① 方大春：《后发优势理论与后发优势转化》，《生产力研究》2008 年第 17 期。
② 周密：《我国创新极化现象的区域分布与极化度比较》，《当代经济科学》2007 年第 1 期。

息，相互制约，互为因果。创新资源转移所形成的区域发展良性循环使一部分地区率先成为具有高效资源配置能力的发达省域，这也使新增创新资源在市场机制作用下开始向发达地区自发式转移。与之相应，创新资源外流亦严重抑制了资源净输出地区的后发优势，创新资源在行政指令与市场调配过程中的逃离状态，更使创新资源的区域极化趋势得以进一步巩固。诚然中国各省域因自然因素、地理条件、软硬件环境与基础设施迥异，要素禀赋的存储量与吸纳水平必定千差万别，但"效率优先，兼顾公平"的资源配置方式才是使创新资源逐渐呈现向特定地区集聚的主要原因。与此同时，经济发展非平衡也预示着创新资源的极化效应大于扩散效应，即欠发达地区无法通过资源流出获得对称性补偿，这也严重抑制了该地区潜在生产力的进一步释放。正所谓"巧妇难为无米之炊"，欠发达地区因创新要素匮乏、资源配置效率低下，无法形成稳定的经济内生驱动机制，加之配套科技与财税扶持政策落实不力，原本拥有的后发优势不具备被激发的前提，甚至开始向后发劣势转化。理论上，落后地区可以通过激发后发优势，实现经济潜力的释放。后发优势不仅可以弥合区域经济非平衡的弊端，还能够助力经济充分发展目标的达成。然而现实中，后发优势却受到传统资源配置机制的限制，无法被完全激发，这也在一定程度上加重了我国社会主要矛盾。

综上所述，首先，本书阐释了"效率优先"原则下传统创新资源配置方式的内在机理。其次，本书基于后发优势理论视角，从创新资源配置、创新采纳能力和非对称性政策补偿等层面揭示了传统创新资源配置方式的缺陷，即创新极化现象能够抑制落后地区的技术后发优势释放。综上所述，本书认为我国现行的传统创新资源配置方式将导致落后地区在创新极化趋势下的后发优势丧失殆尽，而落后地区后发优势的无从转化，也将是我国区域经济不平衡不充分发展的根源所在。

第二节　我国区域经济非平衡的测算

一　梯度转移理论下我国区域创新极化效应的测算

1. 我国创新极化度的测算

中国香港学者 Tsui Kai – yuen 所创设的 *TW* 经济指数被广泛应用于区域创新极化度的测算，它的具体计算公式如下：

$$TW_{kt} = \frac{\theta}{\sum_{i=1}^{N_{kt}} P_{kti}} \sum_{i=1}^{N_{kt}} P_{kti} \left| \frac{y_{kti} - m_{kt}}{m_{kt}} \right|^{r} \tag{4.1}$$

其中，TW_{kt} 表示第 k 个区域在第 t 期的创新极化度；y_{kti} 表示区域 k 在第 t 年的创新综合值；N_{kt} 表示区域 k 在第 t 年内的样本数；m_{kt} 表示区域 k 在第 t 年内样本的中位数；P_{kti} 表示区域 k 在第 t 年内第 i 个样本区域的总人口；θ 和 r 分别表示介于 0 和 1 的常数系数。鉴于本书意在测算我国的创新资源极化程度，故 k 值取 1；因西藏技术创新数据统计不全，故 N_{kt} 为 30，即中国的 30 个省份；与此同时，由于创新资源是一个综合性概念，它不仅包括专利技术，还涵盖研发人才、高端设备、R&D 投入与配套激励政策等多个要素，因此，为更全面、精准地测算我国的创新资源极化程度，本书将参考相关评价指标体系[1]，利用因子分析法，基于经济环境、创新环境、创新资源投入和创新成果产出四个维度对我国区域技术创新能力综合值进行测算，从而得到我国 30 个省份 1997～2016 年的 y_{kti}，评价指标体系如表 4.1 所示。

---

① 周密：《我国创新极化现象的区域分布与极化度比较》，《当代经济科学》2007 年第 1 期。

表 4.1　区域技术创新能力评价指标体系

维度	指标
经济环境	人均 GDP
	居民消费水平（元）
创新环境	大专及以上人口所占比重（%）
	邮电业务总量（亿元）
	教育经费（亿元）
创新资源投入	R&D 人员折合当时全量（人/年）
	R&D 经费内部支出（亿元）
	政府财政科技支出占地方财政支出比重（%）
创新成果产出	高技术市场成交额（亿元）
	专利授权数（项）
	高技术产业主营业务收入（亿元）

测算中使用的数据均来自 1998～2017 年的《中国科技统计年鉴》、各地区统计年鉴和《中国城市统计年鉴》（因 1997 年以前各省份部分科技统计数据缺失，故数据时间区间为 1997～2016 年，即 t 年为 20 年）。综上所述，根据 TW 指数计算公式，本书得到我国 1997～2016 年的创新极化水平（如图 4.1 所示）。

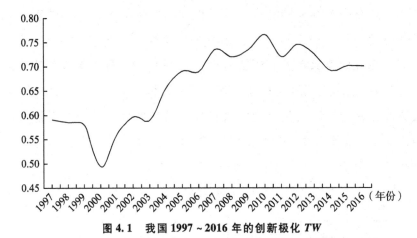

图 4.1　我国 1997～2016 年的创新极化 TW

由图 4.1 可见，我国创新资源极化程度总体呈现上升趋势，

*TW*1997 年仅为 0.591，而 2010 年达到峰值 0.767，随后轻微回落至
2016 年的 0.701。这意味着，伴随着区域经济的深化发展，我国创
新资源向特定地区集聚的趋势愈加显著，区域间创新资源的分布状
况越发失衡。

2. 我国区域创新资源极化贡献度的测算

测算我国区域创新资源极化贡献度的目的在于区分创新资源持
续输出在经济欠发达地区和创新资源极化程度高且经济发达地区的
情况。这也有利于本书科学筛选并确定我国的创新极化地区与扩散
地区。综上所述，本书用如下公式对区域创新极化效应的城市贡献
度加以诠释：

$$C = \frac{\sum_{i=1}^{n} N(i) \sum_{i=1}^{n+1} s(i) \left| \dfrac{q(i) - m}{m} \right|'}{\sum_{i=1}^{n+1} N(i) \sum_{i=1}^{n} s(i) \left| \dfrac{q(i) - m'}{m'} \right|'} \tag{4.2}$$

其中，C 表示区域极化效应的城市贡献度，n 表示城市数量，
$s(i)$ 表示某省份第 i 个城市的专利授权量，$N(i)$ 表示第 i 个城市的
专利授权量，m 表示某省份所有城市创新综合值 I/专利授权量的中间
值，m' 表示不包含该城市的某省份其他城市创新综合值 I/专利授权量
的中间值，$q(i)$ 表示某省份第 i 个城市创新综合值 I/专利授权量。若
贡献度大于 1，则该城市对区域创新极化效应有促进作用，反之则产
生抑制作用。故本书基于创新资源极化贡献度公式，测算了我国 30 个
省份（不包含西藏）1997~2016 年的创新资源极化贡献度，表 4.2 为
30 个省份（不包含西藏）2012~2016 年的创新资源极化贡献度。

表 4.2　30 个省份（不包含西藏）2012~2016 年的创新资源极化贡献度

省份	2016 年	2015 年	2014 年	2013 年	2012 年	平均值
北京市	0.999435	1.007527	0.99996	0.99228	0.989486	0.997737
天津市	1.001234	1.014615	1.012224	1.00135	1.001137	1.006112

续表

省份	2016 年	2015 年	2014 年	2013 年	2012 年	平均值
河北省	0.992937	0.993034	0.987176	0.991787	0.990609	0.991109
山西省	1.009698	1.015723	1.009421	1.002588	0.997986	1.007083
内蒙古自治区	1.015129	1.020184	1.014105	1.007899	1.005892	1.012642
辽宁省	1.005537	1.015329	1.012166	0.999386	0.981209	1.002726
吉林省	1.011912	1.017352	1.012294	1.006617	1.003482	1.010331
黑龙江省	1.006392	1.00296	0.995316	0.992021	0.989786	0.997295
上海市	1.011311	1.017638	1.016517	0.998425	0.97886	1.00455
江苏省	1.026182	1.025035	1.045618	1.06416	1.080633	1.048326
浙江省	1.023744	1.014494	1.014896	1.021433	1.024859	1.019885
安徽省	1.004688	1.002357	1.000829	1.003137	1.004758	1.003154
福建省	0.996142	0.988322	0.979859	0.98848	0.989317	0.988424
江西省	0.995405	0.989929	0.997626	1.001402	0.998387	0.99655
山东省	0.998705	1.000893	1.000646	1.002151	1.004499	1.001379
河南省	0.997804	0.996	0.993998	0.996737	0.998924	0.996693
湖北省	0.984952	0.979855	0.976595	0.98764	0.997285	0.985265
湖南省	0.99245	0.990448	0.99037	0.994182	0.995969	0.992684
广东省	1.02427	1.011965	1.013437	1.00717	1.013899	1.014148
广西壮族自治区	0.998567	0.995796	0.992408	0.991541	0.997808	0.995224
海南省	1.011357	1.016105	1.010091	1.004823	1.003123	1.0091
重庆市	0.986821	0.995971	0.99062	0.995564	0.998209	0.993437
四川省	1.004232	1.000973	1.001502	1.001378	1.003787	1.002374
贵州省	1.003282	1.01021	0.99168	0.995847	0.998137	0.999831
云南省	1.00491	1.011296	1.005862	1.002008	0.999422	1.0047
陕西省	0.988487	0.988637	0.988475	0.993566	0.995559	0.990945
甘肃省	1.005686	1.012919	1.00713	1.001222	1.000154	1.005422
青海省	1.010894	1.015555	1.010034	1.004305	1.002465	1.00865
宁夏回族自治区	1.012736	1.017525	1.011163	1.005538	1.003399	1.010072
新疆维吾尔自治区	1.011134	1.016097	1.011223	1.005606	1.003294	1.009471

注：由于篇幅限制，仅在正文中呈现 2012~2016 年的数据结果。

基于测算结果可以发现，共有 18 个省份的创新资源极化贡献度大于 1，它们分别是天津市、山西省、内蒙古自治区、辽宁省、吉林省、上海市、江苏省、浙江省、安徽省、山东省、广东省、海南省、四川省、云南省、甘肃省、青海省、宁夏回族自治区和新疆维吾尔自治区。这意味着这些地区对我国创新资源集聚形成了正向作用，在创新资源补偿过程中应优先进行补偿。

二 梯度转移理论下我国区域创新扩散效应的测算

本书参考周密的做法，首先，利用数据包络分析法测算得到我国 30 个省份 1997 ~ 2016 年的创新极化水平[1]；其次，本书将综合 DEA 测算结果、我国区域创新资源极化贡献度的测算结果和《中国区域创新能力报告》进行排序，筛选出我国 3 个创新极化程度较大的发达地区作为创新极化地区，同时筛选出我国 3 个创新资源输出程度较大的欠发达地区作为创新扩散地区；最后，本书将利用 VAR 模型与脉冲响应函数，刻画我国区域间（创新极化地区对创新扩散地区）的极化扩散效应。

1. 我国 30 个省份的创新极化程度测算

为实现对我国 30 个省份创新极化程度的测算，本节同样参考了白嘉设计的指标体系[2]，将 DEA 的投入变量确定为 R&D 人员折合当时全量、R&D 经费内部支出和政府财政科技支出占地方财政支出比重；将 DEA 的产出变量确定为高技术市场成交额、专利授权数和高技术产业主营业务收入，而基于数据包络分析法，本书得到了 1997 ~ 2016 年我国 30 个省份的创新极化程度，2012 ~ 2016 年我国 30 个省份的创新极化程度如表 4.3 所示。

---

① 周密：《我国创新极化现象的区域分布与极化度比较》，《当代经济科学》2007 年第 1 期。

② 白嘉：《中国区域技术创新能力的评价与比较》，《科学管理研究》2012 年第 1 期。

表 4.3　2012～2016 年我国 30 个省份的创新极化程度

省份	2016 年	2015 年	2014 年	2013 年	2012 年
北京市	1	1	1	1	1
天津市	0.751	0.761	0.743	0.892	0.829
河北省	0.49	0.539	0.403	0.34	0.322
山西省	0.489	0.449	0.365	0.418	0.388
内蒙古自治区	0.231	0.199	0.184	0.262	0.504
辽宁省	0.659	0.536	0.467	0.544	0.605
吉林省	0.929	0.721	0.687	0.642	0.54
黑龙江省	0.673	0.76	0.757	0.698	0.745
上海市	0.598	0.762	0.809	0.895	0.994
江苏省	1	0.976	0.93	1	1
浙江省	1	0.862	1	1	0.94
安徽省	0.792	0.847	0.827	0.799	0.752
福建省	1	0.626	0.6	0.712	0.689
江西省	1	1	1	0.947	0.909
山东省	0.955	0.869	0.76	0.73	0.672
河南省	0.91	0.931	0.73	0.659	0.544
湖北省	0.744	0.767	0.646	0.641	0.619
湖南省	0.69	0.606	0.523	0.58	0.444
广东省	1	1	1	1	1
广西壮族自治区	1	1	0.879	0.635	0.448
海南省	0.415	0.528	0.487	0.514	0.566
重庆市	1	1	1	0.971	0.756
四川省	1	0.773	0.804	0.928	0.771
贵州省	0.77	0.794	1	1	0.738
云南省	0.442	0.478	0.531	0.52	0.562
陕西省	1	1	1	1	1
甘肃省	0.886	0.766	0.839	0.869	0.745
青海省	1	1	0.878	0.861	0.673
宁夏回族自治区	0.425	0.43	0.435	0.43	0.32
新疆维吾尔自治区	0.514	0.607	0.69	0.517	0.483

　　注：由于篇幅所限，本书仅将 2012～2016 年（与创新资源极化贡献度的测算时间相同）的测算结果列出。

本书综合我国创新资源极化贡献度的测算结果、区域创新极化程度的测算结果和《中国区域创新能力报告》，对全国 30 个省份的创新极化综合水平进行了排名，最终将北京、浙江和江苏确定为我国的创新极化地区；将吉林、宁夏和内蒙古确定为我国的创新扩散地区。

2. VAR 模型构建与脉冲响应结果分析

综上所述，本书将利用北京、浙江、江苏、吉林、宁夏和内蒙古的 DEA 测算结果（时间序列），构建向量自回归模型（VAR），并基于脉冲响应函数刻画创新极化地区（北京、浙江和江苏）对创新扩散地区（吉林、宁夏和内蒙古）的极化扩散影响（如图 4.3 所示）。

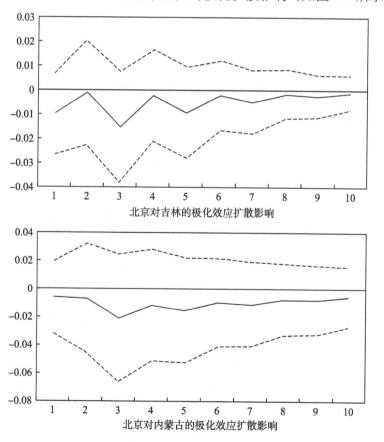

北京对吉林的极化效应扩散影响

北京对内蒙古的极化效应扩散影响

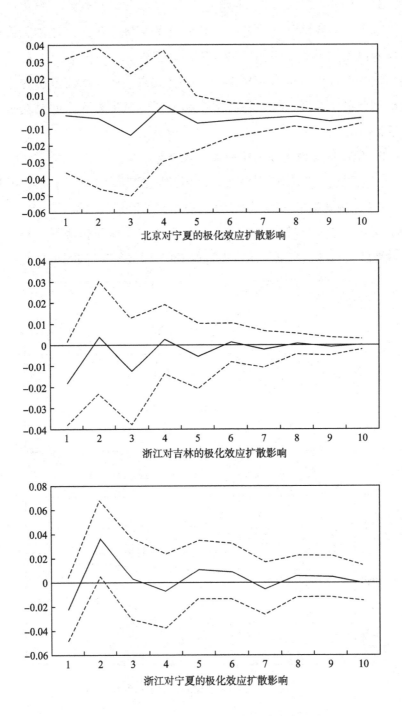

北京对宁夏的极化效应扩散影响

浙江对吉林的极化效应扩散影响

浙江对宁夏的极化效应扩散影响

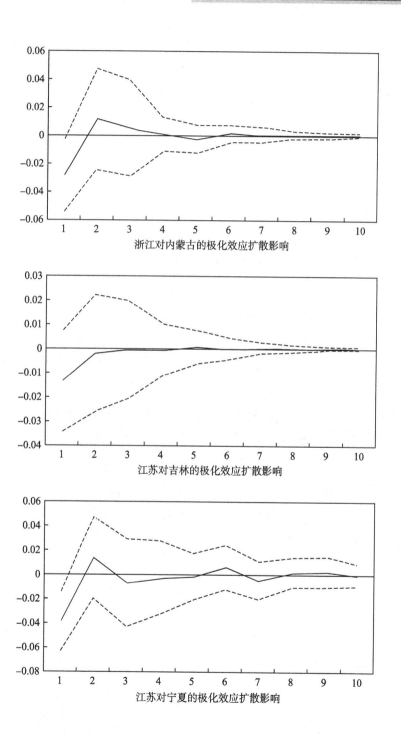

浙江对内蒙古的极化效应扩散影响

江苏对吉林的极化效应扩散影响

江苏对宁夏的极化效应扩散影响

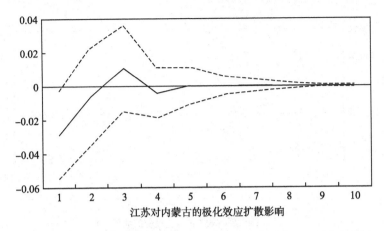

江苏对内蒙古的极化效应扩散影响

图 4.2   北京、浙江和江苏对吉林、宁夏和内蒙古的极化效应扩散影响

注：脉冲响应图示中的两条虚线代表正负两倍标准差阈值，实线代表脉冲响应的走势。

　　基于脉冲响应函数的结果我们发现，北京、浙江和江苏对吉林、宁夏和内蒙古的创新扩散影响在期初几乎均为负向冲击。尤其北京对吉林、宁夏和内蒙古的创新扩散影响在整个持续期内始终为负。这说明，就北京而言，其对创新扩散地区的虹吸效应十分显著，即北京地区正在呈现创新资源的净流入状态；而浙江与江苏对吉林、宁夏和内蒙古的创新扩散影响会在第 3 期左右出现正向冲击，这意味着浙江与江苏的创新扩散影响将在上述欠发达地区滞后展现，该正向冲击的影响时长通常较短，且呈现上下波动的形态，并最终趋于收敛。综上可见，我国创新极化地区的扩散效应总体偏低，并形成了与区域创新极化效应之间显著的非对称态势。

第五章
产业转移对我国区域经济平衡的影响机制

第一节　产业转移对我国区域经济平衡
影响的实证分析

一　我国产业结构调整系数测算

（一）产业结构和产业转移的相互关系

当不同区域之间处于不同的经济发展阶段，且资源配置存在差异时，发达地区的部分企业在市场的作用下，为了追求更加低廉的成本和更好的利润，将其部分产业由高生产成本的发达地区向生产成本较低的落后地区进行转移。与此同时，落后地区为了自身经济的发展，通过制定优惠的财政税收政策，充分发挥自身比较优势，合理利用具备的特色资源，实施招商引资政策，吸引发达地区的企业进行投资。在空间分布上，表现出产业由经济发展条件良好的发达地区向发展中及落后地区进行转移的现象①。我国目前产业转移的

---

① 袁境：《西部承接产业转移与产业结构优化升级研究——以四川为例》，西南财经大学博士学位论文，2012。

形式主要表现为劳动密集型的第二产业由沿海发达地区逐步向欠发达的中西部地区转移，随着我国经济的发展，出现了部分资源型的加工制造业进行转移，寻求更广阔的发展空间。

产业转移对于产业结构调整和区域经济发展有着重要的意义，我国存在严重的资源配置不均衡问题，发达地区占据主要的发展资源，具备良好的发展优势，而落后地区在自身条件不占优势的同时，还存在较为严重的资源外流现象。我国的产业结构发展同样存在问题，人才、资本、技术等资源的配置问题影响着产业结构的调整和地区经济的发展。主要体现在以下几个方面。第一，在人才要素方面，高素质人才是实现创新的基础条件，其具有的丰富知识一方面能够为传统产业带来新鲜的血液，带动其进行调整和改造；另一方面可以为新兴产业发展提供技术支持。产业结构的优化升级增加了对人才要素的数量和质量需求，推动劳动人口向更高的专业化和知识化水平发展。伴随着人才要素水平的提升，这会进一步推动产业结构调整。第二，在资本要素方面，原始的资本积累主要来源于现有的传统产业。传统产业经过长时间的发展，由初始状态逐步走向成熟，具备了一定的资本要素。为了寻求更高的利润，企业会进行科技创新，研发新产品，增强在市场中的竞争力，对传统产业进行升级，大力发展新兴产业。新兴产业也会随着经济社会的发展，重复传统产业的发展路径，积累资本要素，进行创新发展，促进优化升级。第三，在技术要素方面，技术创新成果实体化对产业结构升级起到重要作用。技术要素能够带动新产品的形成，促进产业的发展。高新技术支撑科技创新，改造落后产业，推动产业结构升级。技术要素体现在产业发展的众多层面，例如改进旧设备、旧工艺，发明新产品，保护生态环境等，带来更高的经济效益。高收益为产业进行深层次技术革新提供了动力以及资本，刺激其开展创新活动，同时，有助于传统产业吸收新的技术，并在此基础上进行再创新[①]。

（二）产业结构调整系数计算

产业结构指的是三次产业在整个经济结构中所占的比重，随着经济社会的不断进步和发展，第三产业也就是服务业的增加值占整个 GDP 的比重会逐渐上涨，服务业对经济的影响逐步加大。在对产业结构的衡量问题上，单纯采用三次产业的产值或其占 GDP 的比重，不能完全反映我国产业结构优化升级的现象。为了克服指标选取的单一性，产业结构调整指数指标体系借鉴了汤婧、于立新的产业结构调整指数指标体系[②]（如表 5.1 所示）。

表 5.1　产业结构调整指数指标体系及权重

目标层	领域层	指标层
产业结构调整指数	三次产业变动情况（0.25）	第一产业增长率（0.25）
		第二产业增长率（0.35）
		第三产业增长率（0.4）
	劳动力分布结构（0.3）	第一产业就业人口占总就业人口比例（0.2）
		第二产业就业人口占总就业人口比例（0.3）
		第三产业就业人口占总就业人口比例（0.5）
	产业部门贡献率（0.45）	第一产业增加值占 CDP 的比重（0.2）
		第二产业增加值占 GDP 的比重（0.3）
		第三产业增加值占 GDP 的比重（0.5）

数据来源于 1998～2017 年《中国统计年鉴》，根据上述指标体系及权重，计算得出全国以及四个经济地区 1997～2016 年的产业结构调整指数（见表 5.2），产业结构调整指数的取值范围为 0～1，其

---

① 观点引自何平、陈丹丹、贾喜越《产业结构优化研究》，《统计研究》2014 年第 7 期，第 31～37 页。

② 观点引自汤婧、于立新《我国对外直接投资与产业结构调整的关联分析》，《国际贸易问题》2012 年第 11 期，第 42～49 页。

值越接近 1，表示该地区的产业结构越合理。

表 5.2　我国 1997～2016 年产业结构调整指数

年份	全国	东部地区	中部地区	西部地区	东北地区
1997	0.26969	0.26918	0.25534	0.24984	0.24943
1998	0.26871	0.26737	0.25131	0.24914	0.24614
1999	0.27043	0.26768	0.24787	0.24761	0.24275
2000	0.27409	0.27565	0.25854	0.25735	0.25280
2001	0.27592	0.27608	0.26135	0.26010	0.25272
2002	0.27934	0.27954	0.26258	0.26511	0.25672
2003	0.28166	0.29059	0.27049	0.27543	0.26019
2004	0.28333	0.30043	0.29061	0.28811	0.27175
2005	0.28702	0.29248	0.27975	0.27997	0.27207
2006	0.29084	0.28912	0.27699	0.27854	0.26845
2007	0.29520	0.29826	0.28767	0.28987	0.27719
2008	0.28676	0.29884	0.28761	0.28992	0.28072
2009	0.28758	0.28581	0.26886	0.26930	0.26225
2010	0.29019	0.30167	0.29112	0.29224	0.28311
2011	0.28768	0.30101	0.27501	0.28931	0.27358
2012	0.28536	0.29016	0.26185	0.27428	0.25635
2013	0.28885	0.29034	0.27027	0.27035	0.26143
2014	0.29025	0.29186	0.27364	0.27224	0.26932
2015	0.29318	0.29086	0.27088	0.27088	0.26245
2016	0.29407	0.29711	0.28006	0.27586	0.25465

根据表 5.2，我国产业结构调整指数主要集中在 0.26～0.30 的区间内，存在缓慢增加的趋势，产业结构向着合理发展的方向调整，但是趋势并不明显。在四个经济地区中，整体来看，东部地区产业结构调整指数最大，但仍处于较低水平，中部、西部和东北地区之间没有明显差距，东部地区的产业结构较其他地区更为合理。全国

范围以及主要经济地区的产业结构均存在严重的不合理现象，产业结构水平比较低，结构升级缓慢，地区产业结构不平衡的问题明显，产业结构亟待优化。目前我国农业产业化较发达地区还存在一定差距，同时第二、第三产业对于农业的服务相对滞后；第二产业存在大而不强的问题，创新能力不足，在部分产品过剩的同时，高技术高附加值的产品还存在较大的缺口；第三产业起步较晚，发展滞后，与发达国家的水平存在很大差距，国际竞争力不足。我国高新技术产业发展不充分，自主创新能力不高，研发和市场的转化力度不大，市场占有率低，产业未能得到充分发展，在国民经济中占十分小的比重。

自改革开放以来，我国的经济得以飞速发展，社会财富总量有了极大幅度的增加，但是我国的经济增长是在大量消耗土地、矿产等自然资源的基础之上完成的。我国主要发展以劳动力和自然资源为主要生产资源的产业，出口低附加值的劳动密集型产品，对技术要求不高，不具有自主知识产权。我国产业的发展主要体现在第二产业，重工业发展迅速，但是其是以资源的高度消耗和严重的环境污染为代价的。我国现有的产业结构不利于经济的可持续发展，产业结构调整能够进一步促进我国经济发展，同时我国经济向着一个更加积极、更加良好、更加和谐的方向发展，进而实现长期可持续健康成长。我国的制造业以生产劳动密集型产品为主，不具有核心的技术且研发能力不足，缺乏专业的高端人才，产品附加值低，利润率不高，同时在国际市场中竞争力低。随着经济全球化进程的加快，印度、越南等许多发展中国家也相继对外开放，积极吸引外资和对外出口，由于这些发展中国家具有比中国更低廉的劳动力资源、更加丰富的土地和矿产等自然资源，对于国外资本更具有吸引力。这给中国带来了发展上的危机，部分外资企业将资本向后起的发展中国家转移，竞争日益明显并趋于激烈。

二 我国产业转移指数测算

(一) 产业转移动因分析

我国东部和中部、西部之间存在的发展差距以及资源配置的不合理给区域间的产业梯度转移创造了条件，产业转移的动因主要有以下几点[①]。

第一，区域间经济协调发展推动了产业转移的进行。自改革开放以来，我国东部沿海地区借助优越的地理位置条件、较为良好的经济基础、优惠的政策条件等，大力发展经济，积极引进外资，充分发展加工制造业，东部沿海地区的产业集中发展，经济实力比中部、西部地区有了更快的提升。东部沿海地区随着经济的不断发展，吸引了中西部地区众多优秀的人才以及生产资源，使其经济发展水平进一步提升，拉大了与中西部地区之间的差距。为了缩小这种差距，促进我国区域间经济平衡充分发展，必须激发中西部地区的后发优势，加快其经济发展的步伐，促进产业快速发展。产业转移是促进区域经济平衡发展的一个重要且有效的方法，以中部和西部地区所处的地理位置、拥有的自然资源、具备的产业发展基础条件、承接产业转移的能力与水平为依据，为充分发挥其比较优势制定相应的产业承接策略。产业的梯度转移能够在一定程度上推进区域之间的经济合作，使区域间的各种生产要素自由流动且进行交流，优化资源配置。区域间经济发展水平存在的较大差距，为我国的区域产业转移提供了良好的条件和发展前景。中西部的后续经济发展水平需要产业转移来提升，同时东部沿海地区在经济发展到一定水平之后，同样也需要通过产业转移来优化产业结构。

第二，产业结构的优化升级需要促进产业转移的发生。产业转

---

① 观点引自苏华、夏蒙蒙《产业转移动因及分析框架研究综述》，《合作经济与科技》2014 年第 13 期，第 21~23 页。

移和产业结构调整之间存在密不可分的联系，二者之间相互影响，主要表现在：一方面，地区间的产业结构调整和产业优化升级的需求促使了产业转移的发生；另一方面，产业转移可以反过来优化产业结构。产业结构的调整和优化升级是调整经济结构的一个重要部分，目前我国处于经济结构调整和产业结构调整的重要阶段，产业结构的优化升级促进了我国区域间的产业转移。我国东部沿海地区在经过改革开放 40 年的发展之后，现如今已经成为极其重要的加工制造业发展基地，产业发展较为成熟，急需产业结构优化升级来突破经济发展的瓶颈，通过产业向外转移来更加集中地发展高技术产业和现代服务业。与此同时，中西部地区的经济发展落后，产业结构调整能够焕发其新的经济活力，通过承接东部地区以制造业为主的产业转移，能够提升其生产技术水平，加快经济发展进程。产业梯度转移能够促进东部地区产业升级，也能够调整中西部欠发达地区的产业结构，有利于发达和欠发达地区共同发展，进而缩小区域间存在的经济差距，最终实现区域经济充分平衡发展。

　　第三，企业发展的区位需求进一步推动了产业转移。产业的区位转移体现在企业的生产区位转移上，综观影响企业区位选择的众多因素，其中企业较为看重的是地区的生产成本和最终收益。自改革开放以来，我国的东南沿海地区一直是引入外资的重点区域，其主要原因是东部沿海地区具有高开放度和成本较低。在我国东部沿海地区发展产业可以节约劳动力成本，同时还可以充分利用发达的运输系统，节约交通成本，有利于国际贸易的发展。随着产业的不断发展，更多的企业聚集在东部沿海地区形成产业集群，规模经济效应大大地节约了企业的生产和交易成本。但是在产业发展的同时伴随着土地、劳动力等生产要素的价格不断上涨，企业的生产成本的上升迫使企业不得不重新考虑选择新的区位。我国中西部地区拥有丰富的原材料，劳动力价格较东部地区也相对低廉，同时拥有广阔的市场，吸引东部地区的企业进行产业转移。作为产业转移的承接方，中西部地区的开放程度不断提升，基础设施建设速度不断加快，政府也同样大力鼓励招商引资，吸引越来越多的东部地区企业向中西部地区进行转移。

（二）产业转移指数测算

本书选取份额对比法测算我国 30 个省份的产业转移指数，根据各地区产业产出占全国相应产业总产出的比重变化来测定我国该产业在各区域间的转入、转出情况[①]。此方法内容为：假设地区 j 中产业 i 在第 n 年和第 m 年（$n \leq m$）的产值在全国相应产业的总产出中所占比重分别为 P_{nij} 和 P_{mij}，若 $\dfrac{P_{mij}}{P_{nij}} > 1$，表明第 m 年地区 j 的产业 i 的产值在全国所占比重较第 n 年有所增加，即在由第 n 年至第 m 年这一阶段内，该地区的产业 i 发生了产业转入；反之，若 $\dfrac{P_{mij}}{P_{nij}} < 1$，则表明第 m 年地区 j 的产业 i 的产值在全国所占比重较第 n 年有所减少，即在由第 n 年至第 m 年这一阶段内，该地区的产业 i 发生了产业转出。具体公式如下：

$$RIT_{ji} = \frac{P_{mij}}{P_{nij}}$$

其中，RIT_{ji} 为地区产业转移指数；P_{nij} 为地区 j 的产业 i 在 n 年的产值占全国的比重；m 取值为 $n + 1$；由于三次产业的特性，地区间的产业转移主要集中在第二、第三产业，故 $i = 2$，3。当 $RIT_{ji} > 1$ 时，表明该地区发生了产业转入；当 $RIT_{ji} = 1$ 时，表明该地区未发生产业转移；当 $RIT_{ji} < 1$ 时，表明该地区发生了产业转出。数据来源于 1997～2017 年《中国统计年鉴》，得出全国 30 个省份 1997～

---

① 观点引自曾荣平、彭继增《长江经济带梯度开发开放与产业转移的对策研究——基于产业梯度的实证》，《科技管理研究》2015 年第 24 期，第 152～157 页。

2016 年的第二产业转移指数（见表 5.3）和第三产业转移指数
（见表 5.4）。

表 5.3　1997～2016 年中国 30 个省份（不包含西藏）第二产业转移指数

省份	2016 年	2012 年	2008 年	2004 年	2000 年	1997 年
北京市	1.03520	1.00391	0.88384	1.05195	1.02450	0.98570
天津市	0.93468	1.04318	1.08306	1.06401	1.02453	0.99995
河北省	1.00860	0.99002	1.02029	1.06234	1.03377	1.04699
山西省	0.92082	0.94151	1.03707	1.10700	0.98311	1.06214
内蒙古自治区	0.90385	1.01623	1.15715	1.08893	1.02668	1.04330
辽宁省	0.62763	1.01039	1.09042	0.89137	1.05375	1.02179
吉林省	0.95098	1.05461	1.05654	1.02173	1.05682	0.95117
黑龙江省	0.87231	0.93974	0.98710	1.00688	1.00075	1.01614
上海市	1.00051	0.91948	0.92250	1.02365	1.00070	1.00102
江苏省	1.02751	0.99869	0.99164	1.04928	1.01797	0.99996
浙江省	1.02263	0.97068	0.96199	1.03510	0.99010	1.03111
安徽省	1.02708	1.05039	1.05189	1.01419	0.97576	1.00634
福建省	1.02596	1.04252	1.00331	0.99891	1.02139	1.06612
江西省	0.99834	1.00821	1.00887	1.09773	0.97164	1.02741
山东省	1.01100	0.99445	1.01307	1.10345	1.02802	1.01854
河南省	1.02319	1.00294	1.04605	1.06631	1.04179	0.99961
湖北省	1.03213	1.05824	1.03586	1.00130	0.98376	1.04552
湖南省	0.99045	1.04149	1.06764	1.03997	0.97517	1.02018
广东省	1.02387	0.97203	0.97625	1.03162	1.03181	1.00909
广西壮族自治区	1.01962	1.02159	1.05772	1.07523	0.96609	0.94193
海南省	0.98380	1.04490	0.98192	0.98694	0.97410	0.91877
重庆市	1.06268	1.00039	1.09021	1.02360	0.97983	1.02989
四川省	0.96550	1.03778	1.05784	1.04280	0.95526	0.98617
贵州省	1.07070	1.13240	1.02859	1.01020	1.00434	1.02071
云南省	0.99920	1.08488	1.01613	1.03248	0.92328	1.00165
陕西省	0.99387	1.08035	1.09179	1.07340	1.03316	0.99380

续表

省份	2016 年	2012 年	2008 年	2004 年	2000 年	1997 年
甘肃省	0.95900	1.01479	0.97056	1.05244	0.92502	0.97552
青海省	0.98469	1.03954	1.12276	1.03928	1.04122	0.98631
宁夏回族自治区	1.02611	1.01874	1.13201	1.06026	1.05221	0.99193
新疆维吾尔自治区	0.96446	1.00159	1.06139	1.07263	1.15015	1.10682

注：由于篇幅所限，且便于观察产业转移指数的变化趋势，本书仅将个别年份的测算结果列出。

表 5.4 1997～2016 年中国 30 个省份（不包含西藏）第三产业转移指数

省份	2016 年	2012 年	2008 年	2004 年	2000 年	1997 年
北京市	1.01446	0.97595	0.97950	1.03207	1.05970	1.05108
天津市	1.05673	1.02458	1.08566	0.99376	0.99698	1.00744
河北省	1.00405	0.97647	0.97045	0.99647	0.98209	0.99918
山西省	0.96251	1.04357	1.03417	1.01312	0.97972	1.00914
内蒙古自治区	0.99355	0.99081	1.10162	1.09965	1.00847	1.02172
辽宁省	0.78190	1.02341	0.98221	0.97943	0.96680	1.02851
吉林省	1.03727	0.99550	1.00784	0.98592	1.15364	1.05412
黑龙江省	0.98120	0.99433	0.98630	0.97863	0.97340	1.02018
上海市	1.04303	0.96633	0.97663	1.04297	1.02249	1.06495
江苏省	1.02499	0.99597	1.03386	1.00245	0.98077	0.99381
浙江省	1.01932	0.97608	0.97804	1.02099	1.05103	0.95989
安徽省	1.05164	0.99840	0.98117	1.03869	0.97474	0.98974
福建省	1.03319	0.99280	0.97561	0.98036	0.96924	1.01343
江西省	1.07223	1.00980	1.03890	1.01834	0.96635	1.02898
山东省	1.00469	1.01603	1.01689	1.00399	0.96751	0.99818
河南省	1.02648	1.01142	0.95647	1.00010	0.98927	0.99261
湖北省	1.01746	0.99977	0.99151	0.99177	1.00397	1.02164
湖南省	1.03546	1.01191	1.02236	1.05462	1.03764	0.99534
广东省	1.03032	0.97137	0.98117	1.00613	1.07242	1.03044
广西壮族自治区	1.00366	1.01885	0.99248	1.00163	0.95881	0.93116

续表

省份	2016 年	2012 年	2008 年	2004 年	2000 年	1997 年
海南省	1.00676	1.02908	1.02966	0.98878	0.97160	0.92860
重庆市	1.02831	1.09471	1.00167	0.98536	0.96180	1.04022
四川省	1.07002	1.03722	0.99450	0.99343	0.98783	1.00121
贵州省	1.00773	1.04180	1.06498	1.02723	1.00770	0.99048
云南省	1.01401	1.00997	0.98990	1.01936	0.95928	0.96514
陕西省	1.01033	1.01515	1.04885	1.00559	1.01769	1.03623
甘肃省	1.00025	1.02011	1.00705	1.01124	1.07993	1.03158
青海省	0.99366	1.02009	1.02132	0.98846	0.97229	0.98810
宁夏回族自治区	1.00353	1.00616	1.09771	1.00961	0.99131	0.99458
新疆维吾尔自治区	0.94291	1.06274	0.96465	0.95787	0.99308	0.95810

注：由于篇幅所限，且便于观察产业转移指数的变化趋势，本书仅将个别年份的测算结果列出。

　　从第二产业和第三产业转移指数来看，在时间上，两个产业大概可以以 2005 年为分界线，将我国第二、第三产业转移分为两个阶段。在 1997～2005 年，我国东部地区以承接产业转移为主，作为我国经济的增长极地区，聚集了大量的生产要素，吸引来自国外的资本投入。与此同时，在这一阶段内，东北、中部以及西部地区总体上以产业转出为主。在 2006～2016 年，我国东部地区总体上由承接产业转移开始转向产业结构调整，东部地区的发达城市，例如北京、上海等的产业转出趋势已经十分明显。同时，我国东北、中部、西部地区则由产业转出向承接产业转入转变，但是东北地区和西部地区承接的转移产业从广度和深度上都相对弱于中部地区。根据计算和分析我国产业转移指数可以看出，我国的产业转移规模还相对较小，但总体来说有逐渐扩大的趋势，同时产业转移的路径沿着经济梯度不断推进，从发达的东部地区向欠发达的中西部和东北地区进行转移。

三 产业转移对我国区域创新极化的影响分析

（一）变量选择及模型构建

本书选取我国 30 个省份的创新极化度作为因变量，第二产业和第三产业转移指数作为因变量来分析我国产业转移对创新极化的影响。在检验模型的设定上，为了避免外部因素的干扰和混淆，本书引入其他三个影响创新极化的控制变量：（1）地区财政支出能够反映一个地区的财政资金支出情况，资本是创新资源的一个重要组成成分，政府提供的财力资源对于创新资源的集聚有着重要影响[①]；（2）教育经费能够反映该地区对教育的支持力度以及教育发展水平，一个地区的文化发展环境越好，对于人才的吸引力也越大，作为创新资源的重要组成部分的人才资源也会有明显的流入倾向；（3）进出口总额能够反映该地区的开放程度，开放程度较高地区，创新资源流入较多，资源集聚现象也较为明显[②]。本书构建的产业转移影响我国区域创新极化的面板数据模型如下：

$$DEA_{it} = \beta_0 + \beta_1 RIT_{2it} + \beta_2 RIT_{3it} + \varphi Control_{it} + \varepsilon_{it}$$

式中，i 表示地区；t 表示年份；β_0、β_1、β_2 表示待估参数；$Control$ 为控制变量的集合；φ 为控制变量参数的集合；ε_{it} 为随机干扰项。

（二）实证检验

1. 描述性统计

本书选取的解释变量、被解释变量和控制变量的统计性描述如表 5.5 所示。

---

① 观点引自周密《我国科技创新极化度的区域比较——兼论区域科技和谐度的构建》，《科学学与科学技术管理》2007 年第 7 期，第 59～63 页。
② 观点引自常爱华《区域科技资源集聚能力研究》，天津大学博士学位论文，2012。

表 5.5　各变量的描述性统计

变量			样本数	均值	标准差	最大值	最小值
被解释变量	创新极化度	DEA	600	0.7130	0.2237	1.0000	0.1840
解释变量	第二产业转移指数	RIT_2	600	1.0149	0.0513	1.1980	0.6276
	第三产业转移指数	RIT_3	600	1.0011	0.0361	1.1697	0.7819
控制变量	地区财政支出	$\ln GE$	600	2.9991	0.5318	4.1286	1.5267
	教育经费	$\ln EF$	600	2.4393	0.4885	3.5128	0.9050
	进出口总额	$\ln IE$	600	3.1482	0.8133	5.0381	1.0328

2. 平稳性检验

为了检验解释变量、被解释变量和控制变量的平稳性，本书对选取的变量进行了单位根检验，结果见表 5.6。

表 5.6　单位根检验结果

变量	检验方法							
	LLC		IPS		ADF		PP	
	统计值	P 值	统计值	P 值	统计值	P 值	统计值	P 值
DEA	−2.6558	0.0040	−2.5780	0.0050	90.1664	0.0026	90.0629	0.0026
RIT_2	−8.2388	0.0000	−7.7364	0.0000	166.319	0.0000	186.271	0.0000
RIT_3	−10.372	0.0000	−10.552	0.0000	222.501	0.0000	255.470	0.0000
$\ln GE$	−6.3302	0.0000	1.9955	0.9770	36.0373	0.9940	21.0315	1.0000
$\ln EF$	−6.5559	0.0000	1.8154	0.9653	44.0516	0.9391	51.7135	0.7681
$\ln IE$	−5.6714	0.0000	1.5053	0.9339	43.8965	0.9412	40.1514	0.9772
ΔDEA	−22.142	0.0000	−21.183	0.0000	451.798	0.0000	703.955	0.0000
ΔRIT_2	−23.116	0.0000	−20.983	0.0000	435.894	0.0000	1038.56	0.0000
ΔRIT_3	−22.527	0.0000	−22.383	0.0000	466.991	0.0000	1727.87	0.0000
$\Delta \ln GE$	−6.2597	0.0000	−5.4682	0.0000	130.208	0.0000	144.610	0.0000
$\Delta \ln EF$	−13.107	0.0000	−9.9607	0.0000	211.698	0.0000	254.270	0.0000
$\Delta \ln IE$	−12.745	0.0000	−11.130	0.0000	227.572	0.0000	234.356	0.0000

由表 5.6 的数据可以看出，DEA、RIT_2、RIT_3 均在 1% 的显著性水平下平稳，其他变量的原序列不平稳，经过一阶差分后，所有变量的 P 值均为 0.0000，在 1% 的显著性水平下平稳，即 DEA、RIT_2、RIT_3、$\ln GE$、$\ln ET$、$\ln IE$ 均为一阶单整。

3. 协整检验

为了检验各变量间是否存在稳定的因果关系，对选取的变量进行协整检验，结果如表 5.7 所示。

表 5.7　协整检验结果

检验方法	检验统计量	统计值	P 值
Pedroni 检验	面板数据 PP 统计量	−7.2204	0.0000
	面板数据 ADF 统计量	−2.4058	0.0081

由表 5.7 的数据可以看出，Pedroni 检验中的 PP 统计量和 ADF 统计量的 P 值均小于 1%，说明各变量间存在协整关系。

4. Hausman 检验

为了使面板数据模型得出的回归分析结构更加准确和真实，需要对面板数据采取哪种形式的模型进行回归分析、检验？本书选取的变量数据均是分省份的面板数据，由于各个省份之间存在差异性，因此常理上对于产业转移对我国区域创新极化的回归分析用固定效应模型更加准确。为了更加准确地判断是否采用固定效应模型，需要对模型进行 Hausman 检验。具体检验过程如下：首先在被解释变量与解释变量之间建立随机效应模型，然后对该随机效应模型进行 Hausman 检验，最后分析检验结果。对于随机效应模型进行 Hausman 检验的 H 统计量的值为 12.3199，P 值为 0.0307（小于 0.05），故拒绝该检验建立随机效应模型的原假设。经过检验分析，对于进行产业转移对我国区域创新极化的回归分析应当构建固定效应模型。

5. 回归分析

经分析，求得创新极化度和第二、第三产业转移指数的回归模型：

$$DEA_{it} = 0.3121 + 0.1109RIT_{2it} + 0.2466RIT_{3t} - 0.3995\ln GE_{it} +$$
$$0.2345\ln EF_{it} + 0.2120\ln IE_{it} + \varepsilon_{it}$$

回归分析得出 F 值为 58.149，对应 P 值为 0.0000，认为解释变量和被解释变量在 1% 的显著性水平下存在明显的线性关系。

（三）结果分析

通过分析创新极化度和我国第二、第三产业转移指数的回归模型，可以发现：我国第二产业和第三产业的转移指数与地区创新极化度存在正相关关系，即欠发达地区承接产业转入规模越大（产业转移指数大于 1 且逐渐增加），则该地区的 DEA 指数越大，其扩散效应逐渐减弱；发达地区的产业转出规模越大（产业转移指数小于 1 且逐渐减小），则该地区的 DEA 指数越来越小，其极化效应逐渐减弱。随着欠发达地区的扩散效应减弱、极化效应增强，发达地区的极化效应减弱，扩散效应增强，我国区域间的差距随着产业转移规模的扩大而逐渐减小，产业转移能够减弱我国存在的创新极化现象，优化区域间的创新资源配置，缩小我国东部地区和中西部地区存在的经济差距，激发中西部地区的后发优势，加快其追赶东部发达地区，最终实现区域经济的平衡充分发展。

β_1 为 0.1109，表明我国发达地区的第二产业转出指数每减小 0.1，即其第二产业转出规模扩大 0.1，那么发达地区的 DEA 指数就减小 0.01109，其创新极化度就减小 0.01109；欠发达地区的第二产业转入指数每增加 0.1，即其承接的产业转移规模扩大 0.1，那么欠发达地区的 DEA 指数就增加 0.01109，其扩散效应程度就减小 0.01109。β_2 为 0.2466，表明我国发达地区的第三产业转出指数每减小 0.1，那么发达地区 DEA 指数就减小 0.02466，其创新极化度就减小 0.02466；欠发达地区的第三产业转入指数每增加 0.1，即其承接的产业转移规模扩大 0.1，那么欠发达地区 DEA 指数就增加

0.02466，其扩散效应程度就减小 0.02466。同时可以看出，第二产业转移指数的估计系数 β_1 小于第三产业转移指数的估计系数 β_2，表明第三产业的转移对于创新极化的影响大于第二产业的转移对于创新极化的影响。第二产业主要为加工制造业，以劳动密集型和资本密集型产业为主，转移第二产业能够促进欠发达地区的生产技术水平提升，第三产业主要为服务业，同时能够带动第一、第二产业发展，其包含的一些新兴产业以高技术为主要生产力，第三产业由发达地区向欠发达地区转移能够为欠发达地区带来先进的技术和高质量的专业人才，实现创新资源的回流，优化创新资源的配置，促使欠发达地区的产业结构优化升级，进一步实现区域经济的平衡充分发展，故第三产业转移对于创新极化的影响大于第二产业的转移[①]。

第二节　产业转移对我国区域经济平衡影响的制约因素

一　产业转移地的制约

产业转移存在梯度转移的规律，即一般产业由经济发达的高梯度地区向经济欠发达的低梯度地区转移，产业转移能够加强区域间经济的横向联系，促使区域经济向更加协调互动的方向发展。我国东部沿海地区在经过改革开放的繁荣发展后，经济水平得以大幅度的提升，但是其边际产业没有像欠发达的中西部地区进行大规模的梯度转移，其原因在于产业转移存在黏性。东部地区在经济发展的过程中形成了大量的产业集群，这些集群内以及集群间在相互竞争

---

① 观点引自马永红、李欢、王展昭《区际产业转移与区域创新系统耦合研究——基于系统动力学的建模与仿真》，《科技进步与对策》2015 年第 1 期，第 29 ~ 35 页。

的同时也存在相互依存的关系，生产成本和交易成本都大幅度降低。集群内部存在的内生优势不断增强产业发展的优势，促进产业向着更加良好的态势发展。产业集群的分工协作系统对于企业有着很大的黏性，处于该区域的企业及产业需要对比进行产业转移后增加的生产及交易成本与获得的利润之间的大小，以及新的发展区域能够拥有配套的销售、售后等的水平。发达地区例如浙江省的产业集群发展良好，其产业集群的产值已经占地区生产总值的一半以上。集群内的企业在长期的合作中已经形成了良好的发展框架，建立了稳定的网络结构，企业在集群中互利共赢，共同分享低成本、高效率带来的经济利润。如果企业向欠发达地区进行转移，就会丧失产业集群所能带来的众多好处，企业的经营成本会大幅度上升，面临利润缩减的风险，故产业集群限制企业向外进行转移[1]。在企业存在转移黏性的同时，劳动力也存在一定的黏性，虽然随着发达地区的经济不断发展，劳动力成本不断提升，产业进行转移的一个重要原因是为了寻求更加低廉的劳动力，但是发达地区的农村劳动力富裕使劳动力成本还在企业的可承受范围之内，同时劳动力不愿意进行跨区域流动，企业在能够承担的劳动力成本范围内选择仍在产业集聚区发展。

产业转移地的制约因素还体现在对"产业空心化"的担心上，在原有的已经发展较为成熟的产业转出之后，新兴的主导产业不能立即发展起来，形成地区支柱性产业，则该地区的产业发展形成断层，对经济发展产生严重影响[2]。同时地方政府的政策考核也制约着发达地区的产业向外转移，政府绩效考核指标包括地区就业水平、财政收入、经济增长水平等，产业向外转移必然会降低就业率，财

---

[1]　观点引自成祖松《我国区域产业转移粘性的成因分析：一个文献综述》，《经济问题探索》2013 年第 3 期，第 183 ~ 190 页。

[2]　观点引自卞恒沁《日本制造业海外转移与产业空心化规避对策与启示》，《新西部》（理论版）2017 年第 3 期，第 139 ~ 140 页。

政收入也会减少，产业向外进行转移时会面临较高额退出成本和转移壁垒，提高了企业向外转移的难度。

二 产业承接地的制约

中西部地区作为东部地区产业转移的主要承接地区，对于产业转移的制约主要体现在中西部地区的承接能力不足这一层面上[①]。在产业间存在密切的联系，一个产业的发展不是独立的，各个产业之间都是相辅相成、共同发展的，中西部地区由于经济发展起步较晚，经济发展水平较为低下，工业基础薄弱，还没有形成完善的产业集群和产业配套设施，产业之间的联系不够密切，未能在上下游产业间形成关联，这就影响了承接产业转入，提升了转入企业的生产经营成本。良好的投资环境能够创造良好的就业环境，扩大企业生产规模，促进经济发展，中西部地区的投资环境相较于东部地区也相差较大，通信、能源、交通等基础设施还不够完善，部分地区缺乏配套的生活设施。中西部地区的地理位置不占优势，城市大多处于内陆地区，交通不便利严重影响了生产要素和产品的流动，提升了企业的物流成本。地区的投资环境中重要的一个因素就是政府的工作效率，中西部地区普遍存在政府工作效率低的问题，政府出台的政策法规缺乏稳定性，对企业的投资决策带来了很大的不确定性，增加了企业投资的风险。同时政府还存在审批步骤过于繁杂的现象，审批所需时间过长，审批的透明度不高，同样也增加和提高了企业经营的风险和生产经营成本。欠发达地区的金融市场起步较晚，发展落后，缺乏健全的金融组织体系，金融服务也较为单一，企业融资困难，渠道不够畅通，资本市场发展相对落后，不能为企业的发展提供很好的助力。中西部地区还存在劳动力素质差的问题。欠发

---

① 观点引自梁静波《河南承接产业转移的制约因素和对策建议》，《宏观经济管理》2012年第1期，第74～75页。

达地区的劳动力成本低廉且充足，但是劳动力素质较差，专业的高素质人才外流问题较为严重。劳动力的质量是影响企业发展的一个重要因素，劳动力素质差给企业的发展带来严重的不利影响，其直接表现就是企业生产效率降低，使劳动力的相对成本增加，提升了企业的生产经营成本，制约了企业向欠发达地区进行转移。

三　产业转移对接方面的制约

影响产业转移的一个重要因素是在产业转移地和产业承接地的有效对接。在技术、人才、基础设施、管理等方面，产业承接地的中西部地区和产业转出地的东部地区存在较大的差距，这些差距就影响和制约着转移产业能够在承接地很好地落地以及后续良好的运行①。地方政府在产业对接过程中起着不可忽视的引导和促进作用，产业转移使产业转移地政府和产业承接地政府之间的互利共赢合作关系建立，其扮演枢纽的角色。虽然两地政府存在合作的关系，但是二者在产业转移过程中存在不同的利益需求，地方政府的主要关注点落在经济利益、资源分配、政府绩效等方面，为了追求利益最大化，其会出现经济上的博弈行为。如果任由两地政府进行博弈，那么可能会出现利益分配不均甚至合作破裂等两败俱伤的情况，所以在产业对接方面，应该对两地政府做好统筹协调工作，减少产业转移中政府的制约因素。除了政府的利益博弈之外，产业对接层面的制约因素还来自缺乏专业的有关产业转移的相关机构。由于缺乏相关的机构和信息平台，产业转移地和产业承接地存在严重的信息不对称现象。我国幅员辽阔，发达的东部地区和欠发达的中西部地区在空间上有着很大距离，这就给信息的传递带来了困难，使产业转移地和产业承接地获取的信息缺乏全面性和及时性，产业转移地

---

① 观点引自张纯记《我国区际产业转移的制约因素与对策》，《经济纵横》2012 年第 1期，第 76～79 页。

难以找到合适的产业承接地，产业承接地也难以引进适合其自身发展的项目和企业。

四 产业转移体制方面的制约

制约产业转移促进我国区域经济平衡充分发展的一个深层次原因就是我国体制机制的问题。我国目前存在市场机制仍不够完善，在产业转移的过程中企业不能够完全坚持以需求为中心，以市场为导向，企业在市场中的主体地位不能充分体现，生产要素在区域间的流动不自由，产业转移对优化资源配置的作用不能够充分发挥出来，通过产业转移对欠发达地区的经济带动作用不能完全释放，产业转移对于我国区域经济平衡充分发展的作用不能够充分体现。我国目前产业转移地政府对于转出企业进行行政上的"挽留"，同时产业承接地政府对于转入企业有过多的行政干预的问题，这源于政府的行政管理体制不完善。同时在政府绩效考核机制上也存在不健全的问题，有些地方政府过度盲目地追求 GDP，忽视产业的健康可持续发展，这就导致部分地方政府出现争夺转移产业的恶性竞争行为，影响了区域整体的经济发展。一些政府为了在争夺转移产业的过程中增添资本，盲目兴建产业园区，造成园区利用率低、挤占耕地、土地闲置等不利影响。我国中西部地区的市场化程度较东部地区低，投融资机制不完善，对于民营资本进入市场的限制颇多，投资门槛较高，制约外来资本投入，制约承接产业的落地和后续的发展。我国的区域合作机制也不完善，缺乏长效的互惠互利合作，区域间不能很好地协同发展，地区与地区间的经济发展相对独立，不利于产业转移的开展。

第六章
我国区域发展政策与产业转移政策

第一节　我国区域发展政策基本
内容与脉络进程

一　我国区域发展政策的历史背景与基本含义

新中国成立初期，受历史遗留因素以及地理区位的影响，我国经济发展极端不平衡，东部沿海地区由于得天独厚的地理条件和历史的优越性与内陆中西部地区发展差距日益扩大，为了维护社会的稳定，我国政府审时度势出台了一系列区域均衡发展政策，扭转经济发展的两极化趋势，至此，有关区域发展的政策理论逐步出台，尽管在以后的不同发展布局期间，我国实施的政策和安排的经济布局侧重点会因时因地而异，但最终的目标都是在确立区域间公平的收入分配格局的同时不损害效率，只是不同时期在这两方面的取舍有所不同，例如，新中国成立初期，由于先天地理环境等因素相异，内陆地区经济发展严重滞后于沿海地区，在"三五计划"时期，内陆地区建设投资比例已接近 64.7%，大大提高了内陆地区的生产力水平，中西部工业制造业迅速发展，成为我国经济发展的稳固基础，形成了较为完善的工业经济体系①，那么区域发展政策的含义究竟是什么？目的是什么？一般的财政政策与金融政策有什么联系呢？

所谓区域发展政策其实融合了财政政策、货币政策等政策工具，但又有别于一般的政策工具，它是唯一能够干预我国经济地理的空间政策，区域发展政策通过弥合我国经济地理的空间异质性协调我国区域经济发展的不平衡，是提升我国国际竞争力实现经济反超的强有力抓手。然而如今有关区域发展政策的含义、研究视角，以及对于政策的解释始终没有达成一致意见，从国家的视角来看，区域发展政策是我国站在整体利益和宏观经济发展战略角度，依照合理的生产力布局，为了改善、协调各区域间经济活动空间分布及经济发展关系而制定的一系列方针②；从政府及有关机构角度来看，区域发展政策主要是指在社会发展的不同阶段，政府及有关机构为解决经济社会发展中遇到的问题，弥补市场机制不足进而促进区域协调发展，利用直接投资和间接投资工具，促进要素在区域内自由流动的一项经济政策③，简而言之，区域发展政策就是政府只针对我国部分地区实施的有助于提高经济效益的辅助性战略政策，其内容既涵盖普适性的措施，又包含针对区域异质性特殊问题所采取的一系列政策手段，如果实施的政策是帕累托改进的，那么我们就说这项政策能够优化地方生产力布局，合理配置资源，实现中央、地方乃至全国协调均衡发展，其实，说到区域协调发展，最早源于马克思主义经济学，实质是习近平新时代中国特色社会主义思想与马克思经济理论融合的最新进展，有着夯实的理论基础和评判标准，是区域发展

---

① 观点引自邓睦军、龚勤林《中国区域政策的空间属性与重构路径》，《中国软科学》2018年第4期，第79~90页。

② 金钟范：《韩国亲环境农业发展政策实践与启示》，《农业经济问题》2005年第3期，第73~78、80页。

③ 王荣科、段华洽：《西部大开发与国家区域发展政策》，《合肥工业大学学报》（社会科学版）2002年第4期，第86~89页。

综合性的象征，因此，想实现区域协调发展就需要对区域发展中可能出现的种种问题统筹兼顾，而要做到这一点就必须考虑到区域空间治理体系，区域发展政策的制定方案就要充分完善区域空间治理体系，其本质上具有典型的空间属性。

二 我国区域发展政策实施的脉络进程及实施现状

新中国成立以来，我国在不同的发展阶段实施了不同的区域发展政策，主要包括三大类，第一类是国家战略层面的区域政策；第二类是改革开放时期，先行区和试验田的区域政策；第三类是主体功能区的发展政策。虽然各个时期采取的战略布局、政策工具各有不同，但我国总体上经历了均衡发展（1949～1978年）—非均衡发展（1979～1990年）—非均衡协调发展（1991～1998年）—均衡协调融合发展（1998年至今）四个阶段，其内在资源配置机制也从计划经济逐步过渡到充分发挥市场的基础性作用。

（一）时间维度

1. 均衡发展阶段我国区域发展政策的实践脉络

具体来说新中国成立初期，毛主席在其著作《论十大关系》中着重论述了沿海和内陆之间的关系，并划分了沿海、内地两大经济带，实施全国"一刀切"的均衡发展战略，均衡安排各区域生产力布局，加大对落后地区的基础设施建设力度，从其本质属性来看，这是一种空间干预政策，在1949～1978年，我国政府拥有很强的控制资源的能力，同时又考虑区域公平均衡发展原则，推行积极的区域倾斜政策，使区域间相对差异指数逐步缩小，例如，1949～1964年，以苏联支持创建的156个项目和我国独自设立的694个限额以上工程项目大部分安排在内陆地区，而沿海地区基础设施建设的资金大比例减少，使沿海地区的经济增长潜力没有被充分激发出来，1965～1977年我国和苏联的关系越来越僵化，国际政治形势波动异常，我国政府预期发生战争的概率越来越大，面对着如此紧张的国际形势和不利的发展环境，我国区域发展的重心逐渐从以经济均衡增长为主转变为以国防建设为中心，并系统地划分了经济发展的"三线"地区，投资重点转向西南、西北以及其他内陆地区，这使内陆地区生产力水平大大提升，加快了内陆地区工业体系的建立，扭转了我国区域发展存在巨大差距的状况。

截至 1978 年，就生产力而言，内陆地区已经占全国的 36%，作为这一时期我国区域发展的重点，我国区域发展政策在该时期的"平衡增长"战略下针对区域之间发展差异的弊病做出了有目的性的部署，然而，公平和效率犹如鱼和熊掌不可兼得，实施区域发展政策的实质就是一场零和游戏，实施均衡的区域发展政策，必定会损害区域经济效率的提升，阻碍我国经济总体实力的提升。

2. 非均衡发展阶段我国区域发展政策的实践脉络

1973～1978 年，随着中美之间的贸易关系逐渐越过敏感时期，并开始进行正常的贸易往来，在此基础上，"三线"建设的发展也遭遇了层层阻碍，使我国区域发展的重心逐步由内陆过渡到东部沿海地区，随后 1978 年改革开放的到来，邓小平同志又优先提出"两个大局"的重要思想，让一部分人先富起来带动贫困地区发展，达到共同致富，为了实现这一战略性目标，我国政府逐渐意识到区位优势在区域发展中的重要性，因地制宜地优先发展沿海地区，发挥沿海地区易于与国际接轨的区位优势，加大沿海地区的对外开放力度，这一系列区域发展政策的实施让我国进入区域非均衡发展阶段。

具体来说，1978～1989 年，批准深圳、珠海、汕头、厦门为经济特区，并以这些经济特区作为龙头制定沿海地区发展战略；1984年除了经济特区的开放外，国务院进一步将天津、青岛、宁波等 14个沿海城市开放为经济技术开发区，与经济特区同等受到国家优惠政策的扶持；1985 年，长江三角洲、珠江三角洲、闽南三角洲先后并入沿海经济开放区；1988 年，国务院在此基础上又引入了辽东半岛、山东半岛和环渤海地区，这一时期我国政府为沿海地区注入大量资金以用于基础设施的建设和实施一系列财政优惠政策，以提高沿海地区对外开放程度，吸引人才、资金，降低金融市场准入门槛，减少要素流动的障碍，推动沿海地区迅速融入全球经济一体化的发展格局，初步形成多元化、多层级、多结合的对外开放格局。

1990～1998 年，在国家政策扶持下，沿海地区的发展格局已经初步形成，1990 年上海浦东新区成为国务院进一步开放的经济特区，浦东实施经济特区的优惠政策；1992 年又先后开放了黑河、珲春等13 个经济特区，新疆沿边城镇实施类似经济特区的 8 条扶持政策与优惠措施，在长江流域附近又先后开发了芜湖、九江等沿江城市并设立长江三峡经济开发区，在内陆地区，开放了长沙、昆明等 13 个内陆省会城市并实施对外开放政策，由此形成了沿海、沿边、沿江的发展格局，这一时期我国区域发展政策把效率发展作为首要目标，在区域非均衡发展战略下，支持沿海地区利用区位优势开放发展。

然而，早在"六五"计划期间，东部地区基本建设投资已经达到全国水平的47.7%，这是中部地区和西部地区之和，虽然推动东部地区迅速发展，走上国际化大舞台，但由于东部地区发展政策的空间效应的存在以及极化后扩散效应的不足，梯度转移战略的实施效果并不明显，使东中西部地区发展差距逐步扩大，1995 年东部地区的人均 GDP 已经是西部地区的 2 倍还要多，且 GDP 增长率超过了全国平均水平，在外资利用上，我国区域发展政策提出，加大沿海地区的对外开放力度，使沿海地区的外资利用率达到全国水平的2/3，产业结构的转型升级也取得了重大进展，沿海地区经济总量的大规模增长、国际地位的显著提升是区域非均衡发展阶段我国区域发展政策实施的最显著效果，同时东西部发展差距的扩大也是该阶段区域发展政策实施的最主要的弊端。

3. 非均衡协调发展阶段我国区域发展政策的实践脉络

从 1996 年开始，我国东西部地区发展差距逐步扩张的趋势日益变缓的主要原因在于一方面国家对国民经济"软着陆"的宏观调控使东部地区投入增长率较高的投资规模受到抑制；另一方面在 1999～2006 年，我国又倡导区域非均衡协调发展政策，旨在保证经济较快增长时，缩小区域间的发展差距，我国政府在这段时间主要通过进一步完善市场机制，按照四大板块不同的区域特点，实施相应的空间干预政策，例如，2000 年党的十五届五中全会提出"实施西部大开发战略"，2002 年党的十六大报告"支持东北地区等老工业基地加快调整和改造"，2006 年《中共中央　国务院关于促进中部地区崛起的若干意见》发布，这些政策的实施扩大了区域发展的空间，有效地解决了中西部地区发展落后、东北地区衰退的问题。

同时这些政策的颁布使我国区域发展政策的体系架构和目标导向发生了明显的变化，这种变化表现为：第一，对外开放政策在力度与范围上做出了重要的调整，在力度加大的同时范围也相应扩张；第二，中西部地区基础设施的建设规模与强度扩大与提高；第三，推动沿海地区的发达省份与内陆贫困地区建立支援与合作关系。国家也加大力度扶持中部贫困地区，政策体系架构的变化使缩小我国区域发展差距日益扩张的趋势成效显著，主要原因在于对于中西部地区来说，对外开放政策的实施，使中西部地区投资环境得到进一步改善，吸引了部分人才与资金，使中西部地区与对外开放政策体系形成良性互动的关系；基础设施方面的规模扩张与建设力度加大，借助通关产业转移等方式建立了东部地区与中西部地区的资源关联，为中西部地区经济发展注入了新的活力，区域均衡协调战略下的区域发展政策效果显著。

4. 均衡协调融合发展阶段我国区域发展政策的实施状况

然而随着我国区域发展的四大板块正式确立，我国东部地区劳动力成本上升，资源紧张，环境日益遭到破坏，出现了在经济增长的同时空间失衡的局面，为妥善解决这一问题，在 2007~2012 年，我国政府又颁布了区域协调与融合发展政策，例如，"十一五"规划纲要指出，"根据资源环境承载能力、发展基础和潜力，按照发挥比较优势、加强薄弱环节、享受均等化基本公共服务的要求，逐步形成主体功能定位清晰，东中西良性互动，公共服务和人民生活水平差距趋向缩小的区域协调发展格局"，"根据资源环境承载能力、现有开发密度和发展潜力，统筹考虑未来我国人口分布、经济布局、国土利用和城镇化格局，将国土空间划分为优化开发、重点开发、限制开发和禁止开发四类主体功能区，按照主体功能定位调整完善区域政策和绩效评价，规范空间开发秩序，形成合理的空间开发结构"。党的十七大报告指出"必须注重实现基本公共服务均等化，引导生产要素跨区域合理流动"。其基本思路是以"人的繁荣"为准则，通过劳动力采取"用脚投票"的方式鼓励人口向重点发展区域集聚，提高人们整体的福利水平，缩小区域发展差距[①]。

当前在经济全球化背景下，要素能在国际自由流动，传统的以区域倾斜为主的空间政策只能是过去阶段的特定选择，其局限性的暴露已经表明其并不符合当今时代的区域发展政策，在我国均衡协调融合发展时期，要兼顾效率、公平及人与自然和谐三大目标，显而易见，对于这三大目标，仅仅依靠区域发展政策是无法实现的，必须进行权衡取舍，这无疑与协调融合发展是相互矛盾的，因此，如果仅仅依靠区域倾斜空间政策只能保证不会得到最坏结果，但始终得不到最佳效果。

产业倾斜政策，就是国家根据经济发展的需要、产业技术经济

---

① 观点引自郭腾云、陆大道、甘国辉《近 20 年来我国区域发展政策及其效果的对比研究》，《地理研究》2002 年第 4 期。

条件和各地区要素禀赋，确定若干重点开发产业及其空间发展格局，并在资源分配和政策投入上实行适度倾斜，产业倾斜政策相对于区域倾斜政策就可以有效地实现兼顾效率、公平和人与自然和谐三大目标，其是空间政策衍化的最高级形式，首先，产业政策比区域政策更注重市场机制，尊重市场规律，能够充分激发市场机制潜能，使区域发展相对更加公平化；产业倾斜能够推动区域间相互依赖，互相弥合缺陷，展开经济技术的沟通与协作，针对区域间资源差异化、比较优势与劣势共存的情况，实施产业政策能够实现优势互补、产业分工与协作，既兼顾了效率又体现了公平。其次，产业倾斜政策也包含区域倾斜政策，产业倾斜政策通过市场手段与政府的宏观手段相结合，以隐性空间的调控，实现空间差异化发展，由于产业倾斜政策包含区域倾斜政策，既能够实现区域发展政策的目标，又避免了区域发展政策的负面效应，将负面影响最小化，利益最大化，推动区域间依靠产业进行良性互动，缩小区域之间的差距，改善人们的生活。再次，产业政策能够推动产业结构的优化与升级，其隐性空间的调控特征有助于调整产业结构，形成与当地优势资源相匹配的产业格局，再加上经济、法律等手段，通过加强产业规划和政策上的引导，利用价格的杠杆作用和税收的调节作用，有效激励产业结构的转型与升级，同时利用产业倾斜政策引导第三产业的发展进而推动技术进步，优化了产业结构，促进经济结构转变。最后，产业倾斜政策能够缓解人与自然之间的矛盾，有助于淘汰污染较重、能源消耗高、环保意识不足的产业，保护当地的生态环境，建立人与自然的和谐关系，因此，在经济全球化背景下，区域发展政策逐渐向产业政策倾斜和两者的融合是当今时代我国区域发展政策显著的状况，接下来，本书将为大家具体呈现区域发展政策在不同经济体制下的特征与政策手段。区域发展政策在不同经济体制下的特征与政策手段如表 6.1 所示。

表 6.1　区域发展政策在不同经济体制下的特征与政策手段

时间	资源配置机制	尺度特征	地域特征	发展阶段	政策手段	五年计划（规划）
新中国成立后，改革开放前	计划经济主导	单一尺度，全国一盘棋	各大区域分别建立独立完整工业体系	均衡发展阶段	重点发展内陆地区、"三线"建设、逐步向沿海地区倾斜	"一五"计划、"二五"计划、"三五"计划、"四五"计划、"五五"计划
	引入市场机制	多尺度，点轴梯度开发	东部沿海地区率先开放，优先发展	非均衡发展阶段	沿海对外开放政策、完善民族地区政策、投资布局向东倾斜、全方位对外开放政策、完善扶贫政策	"六五"计划、"七五"计划
改革开放	进一步完善市场机制	多尺度，四大区域板块	向东部、中部、西部、东北战略区域，潜力区域集聚发展	非均衡协调发展阶段	西部大开发战略、振兴东北老工业基地、促进中部地区崛起	"八五"计划、"九五"计划
现在	市场基础性作用	多尺度，主体功能区划分	区域经济优势互补，主题功能定位清晰，国土资源高效利用，人与自然和谐相处	均衡协调融合发展阶段	完善老少边穷地区政策、推动资源型城市转型、进行主体功能区规划	"九五"计划、"十五"计划、"十一五"规划、"十二五"规划

（二）地域维度

不同区域经济发展的政策手段与政策效果见表6.2。

1. 东部沿海地区区域发展政策的实施状况

在大多数国家，区域发展政策预示着国民经济的持续增长，因此，改革开放以来，为了快速实现我国经济规模的总体增长，我国区域发展逐渐向沿海地区倾斜，我国东部沿海地区主要包括北京、天津、河北、上海、江苏、浙江、福建、山东、广东、海南10个省份。其中北京、天津、河北被国务院设定为京津冀经济发展区，上海、江苏、浙江统称为长江三角洲城市圈，广东省内以深圳为核心等部分城市被划定为珠江三角洲城市圈，山东省则属于环渤海经济圈的一部分，福建省坐落在长江三角洲和珠江三角洲之间，75%的部分位于闽南经济圈。接下来本书将用不同的经济圈来阐述东部沿海地区的区域发展政策实施状况。

首先从京津冀城市圈来讲，与珠江三角洲和长江三角洲相比，京津冀由于同时存在"富人集聚""穷人集聚"的双重效应，其具有区域难合作的特殊性，因此，早在20世纪90年代，就有学者主张京津冀发展一体化，打破就北京论北京、就河北论河北、就天津论天津的经济发展格局，破解区域内部要素流动障碍，实现公共政策与管理一体化、产业布局与结构转型一体化，推动三个城市跨区域合作，深化内部分工，发挥各自区域的比较优势，但是就其实施状况来看，三地产业发展差距过大，京津冀一体化的发展战略目标过于理想化，在实施过程中操作难度很大，因此，在习近平总书记提出京津冀协同发展的理念时，协同成为京津冀发展最核心的目标，"协同"代表了优势互补互利共赢的理念，京津冀发展差距较大，不能搞齐步走的战略，应让发展潜力大的城市先发展，成为示范区，再利用示范区带动其他地区的发展[①]，

---

① 观点引自杨宏山、石晋昕《从一体化走向协同治理：京津冀区域发展的政策变迁》，《上海行政学院学报》2018年第1期，第65～71页。

2015 年中共中央政治局批准通过了《京津冀协同发展规划纲要》，在该纲要中明确提出，要疏解北京非首都职能，解决"大城市病"问题，着重优化三大区域内部的产业结构，推进区域间的产业转移，加强基础设施建设，形成京津冀优势互补、互利共赢的经济发展新局面，在京津冀协同发展战略的带领下，京津冀经济圈初步的产业转移已经形成，各城市之间的合作关系逐步加强，交通设施能够实现互联互通。

2016 年李克强总理主持国务院常务委员会会议通过了《长江三角洲城市群发展规划》，意图通过改革与创新推动长江三角洲城市协同发展。其一是要通过先行实验实现政府职能转变，破解体制壁垒，降低金融准入门槛，并结合土地与产权交易实现一体化建设，加大对医疗、保险、教育等民生领域的基础设施建设力度，建立自由贸易与自主创新示范区。其二是争做对外开放新"领头雁"，通过各项优惠政策引入外资和尖端国际人才，使国际贸易往来更加自由化与便利化，推动第三产业与国际接轨，促进区域相关产业的贸易往来升级。其三是推动传统制造业转型升级，向传统制造业注入创新活力，向信息技术、新能源、装备制造等高端制造业发展，大力发展文化、旅游、物流等服务业。其四是针对经济的高速发展可能会对环境造成一定的破坏，因此，要加强生态环境的保护，建立生态环境修复工程，联合防范大气、水与土壤的污染，建立上海、浙江、江苏生态环境联合补偿机制。其五要发挥上海作为经济增长极的带动作用，联合江苏、浙江共同发展，通过铁路、高速公路等交通基础设施的完善，打造全球最有影响力的经济圈。这使长江三角洲经济增长水平显著高于全国平均水平，投资主体民营化规模逐渐扩大，以内需拉动的消费需求朝着稳定利好的方向增长，凭借地缘优势，长三角地区的出口规模逐渐扩大。

珠三角指的是以广州、珠海、深圳等城市构成的珠江三角洲经济圈，是自1980年以来中国最主要的装备制造业与现代服务业基地，也是当今我国带动其他地区发展的新的经济增长极。2008年广东省政府发布了《珠江三角洲地区改革发展规划纲要（2008—2020年)》，该纲要针对构建现代产业体系明确指出，要"促进信息化与工业化相融合，优先发展现代服务业，加快发展先进制造业，大力发展高技术产业，改造提升优势传统产业，积极发展现代农业，建设以现代服务业和先进制造业双轮驱动的主体产业群，形成产业结构高级化、产业发展集聚化、产业竞争力高端化的现代产业体系"。对于"优先发展现代服务业"，"支持珠江三角洲地区与港澳地区在现代服务业领域的深度合作，重点发展金融业、会展业、物流业、信息服务业、科技服务业、商务服务业、外包服务业、文化创意产业、总部经济和旅游业，全面提升服务业发展水平"。对于"加快发展先进制造业"，"充分利用现有基础和港口条件，重点发展资金技术密集、关联度高、带动性强的现代装备、汽车、钢铁、石化、船舶制造等产业，坚持走新型工业化道路。加快发展装备制造业，在核电设备、风电设备、输变电重大装备、数控机床及系统、海洋工程设备5个关键领域实现突破，形成世界级重大成套和技术装备制造产业基地"。对于"大力发展高技术产业"，"坚持全面提升与重点突破相结合，突出自主创新和产业集聚，培育壮大新兴产业，建成全球重要的高技术产业带。着力发展高端产业和产业链高端环节，加快提升高技术产业核心竞争力。引导生产要素向优势地区、产业基地和产业园区集聚，促进形成产业特色鲜明、配套体系完备的高技术产业群。重点发展电子信息、生物、新材料、环保、新能源、海洋等产业"。对于"改造提升优势传统产业"，"实施改造提升、名牌带动、以质取胜、转型升级战略，做优家用电器、纺织服装、轻工食品、建材、造纸、中药等优势传统产业，提高产业集中度，提升产品质量，增强整体竞争力"。对于"积极发展现代农业"，

"按照高产、优质、高效、生态、安全的要求，加快转变农业发展方式，优化农业产业结构，建立具有岭南特色的都市型、外向型现代农业产业体系，率先实现农业现代化"。对于"提升企业整体竞争力"，"通过淘汰一批落后企业，转移一批劳动密集型企业，提升一批优势企业，培育一批潜力企业，推动企业组织结构调整。大力推进企业信息化，切实提高企业管理水平"。

山东省自 1978 年改革开放以来实施了三个阶段的区域发展政策。从 1984 年山东省开始关注贫困地区的发展，到 1990 年以后开始逐渐加大对欠发达地区的扶持力度，但是由于区域之间发展差距太大而且欠发达地区基础设施不完善，扶持的效果欠佳，而区域之间的经济发展差距进一步扩大，到了第三阶段即 2000 年以后，山东省对欠发达地区的直接财政扶持逐渐转变为调整欠发达地区的自身发展能力，为欠发达地区创造良好的营商与投资环境，调整欠发达地区产业结构，这些政策措施的根源在于山东省逐渐意识到协调发展的重要性。因此，首先对区域协调发展的政策实施力度逐步加大，加大力度发挥贫困地区经济发展的内力作用，从政策效果来看，山东省的区域发展格局逐渐从注重东向转变为东西联动发展，这种空间秩序调整的历史性转变使山东省经济增长的轴链条发展壮大并成梯度进行；其次这种梯度与区域的联动发展使山东省的生产力布局合理化并优化了资源的配置；最后，资源配置优势充分发挥了山东省各地不同区位的比较优势，使产业体系沿着高质量的发展方向逐步完善。

闽南金三角经济区主要指的是位于闽南沿海的厦门、泉州与漳州，是中国改革开放以后能与珠三角、长三角同等并列的沿海经济发达地区，这无疑离不开区域发展政策的推动作用，福建省早在 1995 年就提出了充分发挥厦门地区经济发展的龙头作用，加快闽东南地区对外开放与资源开发充分融入全国分工体系，促进山海区域联动发展的区域发展战略布局，对福建省的经济发展起到重要的引领与助推作用，现如今的闽南金三角经济区资源配置优势突出，产业结构清晰，投资取向合理有序，经济增长的质量与潜力进一步得到了提升与开发。

2. 东北地区区域发展政策的实施状况

东北地区是传统的老工业基地，长期以来，历史的遗留因素和先天的地理环境导致大量人才流失和资源枯竭，同时在政府意图通过产业转型和企业体制改革来实现经济发展的背景下面临的坎坷重重，困难繁重，东北地区产业结构转型面临的种种问题长期以来受到国家高度重视，东北也被看作全国发展的"问题区域"。因此，早在2003年我国就实施了东北振兴战略，并借助财政金融等政策工具的外部力量，以产业结构转换和国企体制改革为关键点，深度挖掘体制创新的途径，实现全社会效益的提高。

东北振兴战略主要依靠战略层面、供给层面、需求层面、环境层面四个层面分工合作，相互影响，形成合力，发挥东北地区经济发展引导—推进—拉动—影响—监督与反馈的机制作用，具体来说，从战略层面来讲，中央政府通过区域组织结构、整体规划、总体发展方案与意见三大政策工具，积极响应东北振兴战略、区域协调与开放战略，并根据东北地区区域发展定位制定中长期发展规划。

从供给层面与需求层面来讲，供给层面的政策仅资金支持占了一半以上，技术支持与人才支持居于次位，并且总体来看供给层面的政策在东北地区并没有全面展开，使用的力度并不大。从政策内容来说，供给层面的资金支持主要体现在对农产品和畜牧业的补助以及补贴跨区域合作项目方面，或者将资金用于实验室研发；供给层面的技术支持一方面体现在对重点农业、畜牧业实验室的建设上，另一方面表现在对中科院等科研院所提供技术支持服务上；供给层面的人才支持指的是为东北地区注入专业高水平的技术型人才，通过国家对东北地区实施人才援助项目，提高东北地区要素市场的资源配置效率。需求层面的政策也是中央政府促进东北地区经济结构转型的有效手段之一，首先政府通过以市场管制为主要手段、以地区为标准保护地方产品等专用标识，助推地方科技成果转化，并将国际先进技术融入地方产品，提高产品的附加值；其次政府还以海外机构为辅，通过对外劳务合作和对境外企业注入资金两种渠道扩大地方产品的国内外市场，拉动东北地区经济增长，实现以内需助推经济转型的发展格局。

从环境层面来讲，东北地区是我国经济发展中典型的资源枯竭地带，因此，首先环境层面的政策工具是中央政府使用力度最大的政策手段，占到 1/3 以上，地方政府主要通过策略性政策、政府的服务措施实施环境层面的政策；其次以财税政策和金融政策加以辅助来营造东北地区良好的发展环境，其中策略性措施主要针对高端产业、农业和物流业以及央企和民企；最后通过培育哈尔滨新区、内蒙古开放试验区等新的区域增长极来带动东北其他地区产业和企业的发展，财税政策主要通过减免企业所得税、增值税或按一定比例扣除进口税等优惠措施减轻企业研发负担，金融政策通过为企业与农民融资降低门槛，并通过银行支持中小企业发展，通过策略性举措、供给与需求政策、环境政策相互配合，为东北地区经济发展形成合力，助推经济总体规模的扩大和经济质量的提高[1]。

从政策实施的效果来看，东北地区的经济发展实现了稳定增长，在与东部地区的对口合作上，签署的合作项目有 600 多个，涉及金额为 6000 多亿元，阿里巴巴、京东、华为等纷纷在东北地区设立了合作项目，新型城镇化在要素流动壁垒的降低下也沿着高质量的发展方向稳步前进。

---

[1]　观点引自刘秀玲、谢富纪、王海花《政策组合视角下的区域创新政策分析——以东北地区为例》，《软科学》2019 年第 4 期，第 6~10、15 页。

3. 中部地区区域发展政策的实施状况

四大区域之间的协调发展一方面能够优化区域整体的发展格局；另一方面在提高资源配置效率的基础上还能缩小区域发展差距，减少了社会成本，稳定了社会政治局面。然而改革开放所带来的经济增长的高速效应是以牺牲区域间均衡发展为前提的，导致"东高西低"的经济发展态势成为我国经济发展的主流，为了减少区域之间的非均衡发展引发的一系列社会问题和改变收入分配不均的局面，我国制定了西部大开发战略和东北振兴战略，意图重振东北经济往日辉煌和激发西部地区经济发展潜能，然而中部地区却不断被边缘化、被搁置，"中部塌陷"现象在全国经济发展中日益显现，我国政府为了杜绝这一现象，制定并实施了中部崛起政策以推动中部地区走出这一困境。

中部地区主要包括山西、安徽、江西、河南、湖北、湖南六省，具体来看，这六个省在农业上，政府都注入了大笔资金来完善农业基础设施，综合提高农业的生产能力，引用前沿技术增加农产品附加值，推动农业产业结构转型升级，不断增加农民的可支配收入。在采掘业与建筑业上，政策实施倾向于优化产业结构布局，集中核心技术研发高端产品，对原材料要精密加工，并秉持安全环保的原则，加强大型煤矿和电力设施的建设，提升能源原料的基本地位。在交通资源配置上，要强化交通设施作为运输枢纽的关键性作用，提升水运、陆运、管道、航空的运输能力。在城市建设上，要培育创新后劲强大的城市群，传统的老工业城市群要加速促进转型与升级，资源城市要鼓励其发展新兴产业，提高资源城市经济发展的可持续性，可持续性的经济发展必须倡导循环经济，因此，中部崛起政策提倡资源的节约并要做到有效利用有限的资源。在人才教育上，积极发展文化产业，增强对群众的基础医疗保障，提升群众的公共卫生服务水平。这些政策的实施都是用于弥补各个产业现有的缺陷，而最关键的则是要找到发展中最薄弱的环节并将其作为突破口，加快经济体制的改革与创新，为经济发展增添活力，进而完善中部崛起政策的体系架构。

　　4. 西部地区区域发展政策的实施状况

　　从 1978 年改革开放以来，我国经济取得了飞速的发展，在世界上的影响力逐步提高，但是经济发展速度的较快提升使我国区域间居民收入差距逐渐拉大，20 世纪 80 年代时我国基尼系数达到了 0.2，是世界上基尼系数最小最为公平的国家之一，然而，区域间的不平衡发展，使我国在 20 世纪 90 年代的人均 GDP 离散系数不断攀升，出现这种现象的最主要原因就是东中西部区域发展不均衡与不协调，为了实现区域间均衡协调发展，尽最大可能缩小基尼系数与人均 GDP 离散系数，我国政府制定了西部大开发战略。

　　西部大开发的范围包括四川省、陕西省、甘肃省、青海省、云南省、贵州省、重庆市、广西壮族自治区、内蒙古自治区、宁夏回族自治区、新疆维吾尔自治区、西藏自治区，一共 12 个省份，面积虽然达到了全国的 71.4%，但人均国内生产总值仅达到全国平均水平的 2/3，综观西部大开发战略的全局，其侧重点主要集中在：首先要以更大的决心、更高的投入，加大对铁路、机场、天然气等基础设施的建设力度，同时要把公路建设放在首要位置；其次电网、通信、广播电视等基础设施的建设也要提上日程，在水利基础设施上更侧重水资源的合理利用和节约，并在这些基础设施完善的基础上，再致力于建设一大批重点骨干项目。

　　生态环境的保护已经成为西部大开发最重要和最紧迫的任务，天然林是我国西部地区重要且珍贵的自然资源，一是加强对天然林的保护。二是采取"退耕还林，封山绿化，以粮代赈，个体承包"的政策措施，农民的粮食与苗木全部由国家无偿承担，坚持"全面规划，突出重点"的实施方针，做到将生态与经济融为一体，释放

表 6.2 不同区域经济发展的政策手段与政策效果

四大区域板块	地区划分	政策手段	政策效果
东部地区	京津冀经济区（北京、天津、河北）	京津冀协同发展，推进产业转移，加强基础设施建设	初步产业转移已经形成，各城市合作关系加强，交通设施实现互联互通
	长三角经济区（上海、浙江、江苏）	破解体制壁垒，降低金融门槛，吸引尖端人才，推动制造业升级，加强生态保护	经济增长高于全国平均水平，投资主体规模逐渐扩大
	珠三角经济区（广东省部分城市）	引入新技术，构建产学研合作体系，促进城乡协调发展，实现节约资源与环境保护	产业结构合理化，产业总体格局基本形成，社会流动越来越趋健康有序
	闽南金三角经济区	以厦门经济特区为龙头实现区域联动发展，明确闽山海划分	经济增长明显，产业结构特色鲜明，投资流向重点突出
	山东	财政支持措施、基础设施建设措施、科教扶贫措施、产业化扶贫措施、对口帮扶措施、全方位的对外开放措施、调整产业布局措施、资源枯竭型城市援助措施	空间开发秩序得以调整，生产力布局趋于优化，区域产业发展重新整合
中部地区	山西、河南、安徽、湖北、江西、湖南	引进新技术增加产品附加值，加强煤矿电力设施建设，培育城市经济增长极	各产业现有缺陷逐步消除，创新活动提速
东北地区	辽宁、吉林、黑龙江	供给层面的资金支持，需求层面的增加产品附加值进而增强内需战略层面的中央调控，环境层面的财税政策金融政策	经济总体稳定增长，与东部地区合作项目显著增加，高质量发展稳步推进
西部地区	陕西、四川、云南、贵州、广西、甘肃、宁夏、青海、内蒙古、西藏、新疆、重庆	加大铁路、机场、天然气等基础设施建设力度，进行天然林保护，杜绝盲目建设，吸引人才，加大人才培养力度	软环境建设不足，人才教育有限不上经济发展节奏，经济增长质量不高

总的经济效益，并运用政策引导生产消费行为，尽最大可能满足群众的消费意愿，不能强迫买卖双方履行不必要的任务。三是重复建设是产业结构调整过程中常见的现象，西部大开发战略在实施过程中要做到高起点，不能盲目建设从而出现产业结构同质的弊端，因此，西部大开发战略应紧紧抓住战略结构调整时机，根据西部地区特有的资源优势，按照自身发展的特点依靠先进的科技技术着重发展优势产业，选取发展潜力大的城市作为新的经济增长点，将资源优势转变为产业优势，推动经济结构调整，重点发展旅游等第三产业。四是在人才引进上，一方面给予优厚的待遇吸引人才来西部地区就业，另一方面加大力度培养科技和教育人才。

从西部大开发战略的实施效果来看，首先，西部大开发战略的实施虽然做到了大比例投入资金建设基础设施，但是只侧重于硬件基础设施的建设，而忽略了对社会人文等软环境的建设；其次，人才的教育与培养跟不上科技进步的节奏，由此将导致西部地区经济增长质量不高，因此，西部大开发是一项长期而又艰巨的任务，仅仅靠我们这一代是无法完成的，需要我们的子孙后代传承下去[1]。

第二节　我国区域发展政策存在的主要问题

新中国成立之后，为了尽快恢复国民经济，我国制定了大量区域发展政策，使区域发展政策先后经历了均衡发展阶段—非均衡发展阶段—非均衡协调发展阶段—均衡协调融合发展阶段，带动了国民经济水平的显著提升，但同时也暴露了一些弊端。我们发现一系列区域发展政策所处的经济阶段、政策侧重点，生产力布局的重心

---

①　刘生龙、王亚华、胡鞍钢：《西部大开发成效与中国区域经济收敛》，《经济研究》2009 年第 9 期，第 94～105 页。

各有不同，但是无论什么阶段的政策都有着向指定区域倾斜的特征，我国正是利用这一特征完成了各个阶段的国民经济任务，有效地解决了部分地区资源与资金稀缺的关键问题，同时这也导致区域之间贫富差距拉大，出现了"穷者愈穷，富者愈富"的区域特征，没有有效缓解经济发展水平严重差异化的局面，增加了社会成本，如此继续下去，社会有可能动荡不安，可见具有区域倾斜特征的空间政策虽然能够带动经济增长但丧失了效率与公平。

一　不同地区效率与公平的时空错位

那么产生这种现象的原因究竟是什么呢？主要是由于我国不同地区效率与公平时空格局的错位，例如：我国东部沿海地区，经济基础好，地缘优势明显，规模效益高，如果向沿海地区实施空间政策，加大投资力度，则我国经济增长水平会提升，因为其投入产出效率高，但是这会导致其与欠发达地区之间的差距越来越大，丧失社会发展的公平性，另外，如果我们向内陆中西部地区实施空间倾斜政策，就能够有效地减少社会成本，缩小地区之间的发展差距，区域间的贫富差距也会缩小，但是我国经济增长速度将放缓，逐渐落后于发达国家[①]，因此，实施区域倾斜空间政策始终无法做到效率与公平的统一，其在不同的时期不断地在这中间摇摆不定。

从改革开放前后的时间点来看，改革开放以前，我国为了追求低水平的区域平衡，实施的区域均衡发展政策以"嵌入式"的方式加快对中西部地区的生产力布局，从其实质来看，西部地区投资回报率明显低于东部地区，因此规模经济和集聚效益无法形成，在空间上并没有形成人口集聚，导致无法充分发挥人口红利的优势。改革开放以后，区域发展政策的关注点逐渐从公平转移到效率上，东

---

① 观点引自邓睦军、龚勤林《中国区域政策的空间属性与重构路径》，《中国软科学》2018 年第 4 期，第 79～90 页。

部地区率先发展使西部地区无法获取改革红利丧失了平等发展的机会，陷入了"比较利益陷阱"的窘境。改革开放以前我国区域间发展差距是先扩大后缩小，整体上呈倒 U 形发展态势；改革开放以后我国区域间的发展差距是先缩小后扩大，整体上呈正 U 形发展态势。可见区域间相对差距的大小的实质是效率与公平的选择问题，新经济形态下，效率与公平的协调是关乎我国经济发展走势的重中之重。

二　我国区域发展政策存在"一刀切"的弊端

我国区域发展政策存在"一刀切"的弊端，在某一阶段，是注重公平还是注重效率，区域倾斜的空间政策都是对特定区域实施的，但是如果我们从区域内部视角来看，无论是区域内部资源禀赋的差异，还是基础设施的差异，或是创新环境的差异，所得到的政策都是"雨露均沾"，即所谓的政策平均主义，严重地缺少针对性。而对于没有获得政策倾斜的地区，无论经济基础多么好，其都无法享受这种优惠，尤其那些在发展较好的区域内部的优势产业，在享受不到政策优惠的前提下面临与那些享有优惠政策的产业不平等的竞争，这将给该产业带来严重的损害，这种区域间的差异政策，无法在区域内部体现，无论一个地区获没获得政策上的倾斜，这种差异化的政策在区域内部存在差异化的前提下，都无法获得政策的最佳效益。

"一刀切"的区域发展政策的另一含义是对富裕地区和贫困地区不加区分，无论是在制定政策的过程中还是在执行的方法上都实施统一的区域发展政策，但是由于富裕地区与贫困地区在内部产业结构和硬件基础设施以及创新的软环境都存在本质上的区别，实施统一的政策都无法达到最佳的经济效益与规模效益，社会成本也不会减少，区际无法达到资源配置的最优化。

三　我国区域发展政策普遍存在"叠罗汉"现象

接下来我们探讨，什么叫作区域政策"叠罗汉"现象，所谓区域政策"叠罗汉"现象是指某个区域在同一时段内享受多项区域政策的优惠待遇。自1978年改革开放以来，为了缓解区域发展失衡的局面，我国出台了大量的区域发展政策，就是在这一时期，伴随着区域政策"叠罗汉"现象的出现，越来越多的地区同时享有多项重复的政策优惠，而有的地区一点政策优惠都享受不到，"叠罗汉"与"一刀切"存在本质上的区别。"一刀切"是一方面针对已经接受区域政策的地区内部来说，是普适性的，缺乏针对性；另一方面是对区际不加以区分实施统一的规则，实质也是普适性的。而"叠罗汉"现象表明的是政策的重复性，即对同一地区重复实施政策上的优惠，具有宏观多次的性质。区别了"叠罗汉"与"一刀切"后，有很多人不禁会问产生"叠罗汉"现象的成因是什么？蔡之兵、张可云认为产生这种现象的原因包括以下几点：区域政策目标认识能力不足、制定意图不明、实施能力不足以及监督力度不够等主观原因和为区域选择发展路径的概率逐渐降低的客观原因。这些原因导致了区域政策"叠罗汉"现象的发生，而区域政策"叠罗汉"现象有可能会带来资源的浪费，损害政府声誉，阻碍区域政策的实施进程的不良后果[1]。

区域政策"叠罗汉"现象除了以上的不良后果之外，还会对其他地区产生影响，如果一个地区频繁受到国家的照顾，同时受到多项国家政策的倾斜，这样就会对其他地区产生示范效应，其他地区看到国家频繁资助某一城市，其发展意识立即就会从依靠自身发展转向努力向国家争取政策，它们不再专注于提升自身的发展能力，而一门心思扑在让国家同样予以照顾，从国家那里争取到政策，缺乏自主创新的动力，这将对区域可持续发展造成严重的损害。而对于中等发展水平地区来说，某些产业正在形成新的经济增长极，准

---

[1] 蔡之兵、张可云：《区域政策叠罗汉现象的成因、后果及建设》，《甘肃行政学院学报》2014年第1期，第93～103、126页。

备带动其他产业发展，而区域政策的制定主体的专业素质以及能力培养不成熟导致甄别能力有限，因此，很难甄别各个产业的发展阶段，有可能这种错误的甄别会导致具有增长潜力的产业在未来带动其他产业发展的计划"泡汤"。对于发达区域来说，区域政策"叠罗汉"现象的实质是一种"抽肥补瘦"的政策，即牺牲发达地区的经济效益来弥补欠发达地区经济发展的不足，区域政策的实施效果无非三种，第一种也是最有效的是发达地区与欠发达地区同时发展；第二种是在不影响发达地区发展的前提下，提升欠发达地区的经济实力；而最次的就是第三种——牺牲发达地区来发展欠发达地区，这也是区域政策"叠罗汉"现象给发达地区带来的压力。

四　我国区域发展政策的强替代性有损市场机制

最后我们要谈的是区域发展政策对市场调控机制的损害，我国区域发展政策的根本目标是完善市场机制，弥补市场机制的不足，引导市场机制的调控方向，协助市场机制实现资源的优化配置。但是，我国区域发展政策的实施显然背离了这一系列政策目标，我们发现复杂多样、种类频繁的区域政策割裂了全国统一的大市场，并显现了逐渐取代市场机制的趋势，扭曲了市场机制基本的调节功能，长此以往，无疑将给市场机制带来严重的损害。

我国区域经济发展是为了建设公平竞争、有序完善的市场环境，充分调动市场机制的基本调节功能，利用市场机制协调区域的合理分工，妥善处理产业的生产力布局，推动区域经济向着健康、有序、协调、均衡的方向演进，同时要加强区域间经济发展的联系。但是仅靠区域发展政策单一方面的作用是不可能实现的，我国现阶段区域政策的发展目标是效率、公平与人与自然和谐三者的统一，然而区域发展政策的强替代性很难达到三个目标的统一，必须对三个目标有所取舍，这无疑与协调发展总规划产生了背离，政策效果始终无法达到最优①。

第三节　我国产业转移政策基本内容与脉络进程

一　产业转移政策的基本含义与分类

综观历史，我们熟知国际上经历了四次产业转移的浪潮，从日本经济的腾飞到"亚洲四小龙"的崛起，产业转移都扮演重要的角色，然而产业转移作为优化资源配置的有效手段离不开政府的支持，政府制定的一系列产业转移政策是产业转移得以成功运作的催化剂。但是有关产业转移政策的定义在理论界一直没有清晰的概念，经济理论界大多对关于产业政策的定义及其有效性的评价，有关产业转移具体含义的文献很少，因此，本节将少有的几位作者关于产业转移政策的含义加以论述，并结合自己的观点进行点评与概述，使产业转移政策有一个清晰的定义。从我国目前情况来看，为了实现区域间协调融合发展，我国大部分地区开始由区域倾斜政策向产业政策转移，这主要是因为区域倾斜政策始终无法做到效率与公平兼顾，因此，我国商务部在 2006 年就开始实施"万商西进"工程，促进外资以及涉及加工贸易企业挺进西部地区，从"九五"期间的"东锭西移"以及 2005 年广东省的《关于我省山区及东西两翼与珠三角联手推进产业转移的意见（试行）》、2005 年江苏出台的《关于加快南北产业转移的意见》等大产业转移政策，有关产业转移政策的含义与内容以及有效性成为产业经济领域的重要话题，张兆同将产业转移政策定义为一个国家的中央或地方政府为了推动增长极扩散效应

---

① 观点引自宋玉祥、丁四保《空间政策：由区域倾斜到产业倾斜》，《经济地理》2010年第 1 期，第 1~5 页。

和区域协调发展目标的实现而主动干预产业转移活动的各种政策的综合；在理论层面，产业转移政策是一国政府为了弥补市场失灵，而对相关产业活动进行直接干预的政策；在内容层面，财政税收政策，金融与投资政策，土地、商贸、科教文化等方面的政策共同构成了产业转移政策的主要内容；从实践角度阐述产业转移政策是一国政府为了促进欠发达地区的经济发展，缩小其与发达地区的经济差距的政策工具。但是如果从实施的目的与手段来看，其既可以被看作调节经济结构的产业转移政策，又可以被看成促进地方产业集聚的产业布局政策，还可以被看作促进地方产业招商引资的产业组织政策，因此，对于产业转移政策的定义应从不同的维度加以论述[1]。总体而言，产业转移政策可以概括为政府根据某一地区经济发展状况，以及本地产业的发展前景，综合运用行政、法律、经济等手段推动发达地区将产业转移到欠发达地区，实现欠发达地区产业结构重新布局，促进发达地区与欠发达地区均衡协调融合发展的政策架构。我国产业转移政策体系划分见表 6.3。

首先，在结构层面，产业转移政策被认定为国家或政府为了转变经济运行方式将目标产业引进来或转出去所实施的一系列优惠政策，对于产业转移承接方来说，地方政府为了引进战略性新兴产业，会给予税收、土地、金融等一系列优惠政策，以吸引目标产业落户本地区，对于产业转移转出方来说，为了淘汰落后产能及夕阳产业，地方政府同样也会制定一系列税收等方面的政策，例如通过固定资产折旧加计扣除，来加速夕阳产业退出本地区，转向新市场。可见结构层面的产业转移政策的终极目标是在市场配置资源的低效率前提下，通过政府这一"有形之手"加以运作，强制淘汰落后产能，调整区域产业结构，实现资源的优化配置，此类产业转移政策被称

---

① 张兆同：《产业转移政策有效性研究》，《现代经济探讨》2011 年第 10 期，第 9 ~ 12 页。

作结构性产业转移政策①。

其次，在布局层面，一国或者地方政府为了提高地方龙头企业集聚正外部性的效果，将采取加快项目审批流程、降低信用贷款门槛一系列政策手段，吸引相似产业落户地方产业园区，形成大规模产业集聚，进而充分利用集聚园区的资源，使在位企业充分利用集聚园区的正外部性，降低产品的边际成本，提高企业在国际和国内市场的竞争力，形成动态的比较优势。从本质上来讲，这样的产业转移政策对地方产业的空间分布进行了引诱性的合理调整，起到了间接的杠杆作用，合理建设地方产业的分工体系，营造适宜产业发展的环境，因此，我们称这样的产业转移政策为布局性产业转移政策。

再次，在组织层面，主要倾向于产业转移政策针对地方企业规模经济的促进作用和提高有效竞争，一方面，产业转移政策的实施降低了市场准入门槛，完善了金融市场服务体系，加大了知识产权保护力度，对市场中垄断行为加以限制，促进市场中企业间的竞争，促使在位企业不断研发新的产品，重置企业间的资源配置，提高产业生产率；另一方面，为了保护龙头企业，产业转移政策将把部分生产低效率的企业转移出去，限制其对大企业地位的挑战，使大企业充分利用规模经济，降低产品的边际成本，依靠大企业带动区域经济发展，我们称这样的产业转移政策为组织性产业转移政策。

最后，综观我国产业发展的总体布局，在全球国际产业转移浪潮中，由于我国劳动力的非均质分布，即劳动力二元结构的存在，我国承接了高水平的技术资本密集型产业，这往往需要高质量的劳动力，又由于我国还存在大量低素质的劳动力，且劳动力成本与低

---

① 观点引自张兆同《产业转移政策有效性研究》，《现代经济探讨》2011 年第 10 期，第 9～12 页。

梯度国家相比不存在比较劣势，我国也会承接低水平劳动密集型产业，正是劳动力二元结构的存在，国际产业转移到了我国却"戛然而止"，无法传递下去，无法将低附加值的劳动密集型产业转移给低梯度国家，因此，我国应尽快调整自身的产业结构与经济结构，一方面给予传统产业中的中小企业投资补贴，鼓励中小企业向低梯度国家直接投资，扩大中小企业的市场容量；另一方面建立资源共享机制，促进与低梯度国家的技术合作与交流，我们称这样的产业转移政策为全局性产业转移政策。

表 6.3　我国产业转移政策体系分类

类型	政策手段	政策目标	政策属性
结构性产业转移政策	财税政策、投资政策	产业结构合理化与高度化	选择性
组织性产业转移政策	要素支持政策、信贷政策	规模经济促进竞争	功能性
布局性产业转移政策	要素支持政策、财税政策	形成产业集聚的外溢性	选择性
全局性产业转移政策	投资政策、技术信息政策	扩大市场容量，提高技术水平	选择性与功能性

二　我国产业转移政策的实践脉络与实施状况

（一）时间维度

中央政府不同时段制定的产业转移政策见表 6.4。

1. 改革开放以前我国产业转移政策的实践脉络

新中国成立初期，在经历了国民经济恢复阶段之后，为了加快我国经济的复苏，建设现代化工业体系，我国制订了从 1953 年到 1957 年的"第一个五年计划"，"第一个五年计划"的主要内容是集中投资、有序进行工业化建设，并没有具体的产业转移政策，但是在五年内全国固定资产投资已经增加到 460 亿元，内陆投资占比接近全国 2/3，可见，国家一方面是建设工业化体系，另一方面也想缩小全国收入分配差距，截至 1957 年，全国工业生产总值达到 1241 亿元，全国基础设施建设规模已经有了明显的改善，为接下来的产业转移奠定了基础。1958 年我国开始进入"第二个五年计划"时期，以"第一个五年计划"为基础，我国在这一时期的主要任务是在加强建设工业体系的同时，加强对科研领域人才的培养，建设一支具有高端科研水平的人才队伍，截至 1962 年，尽管我国工业总值经历了大起大落，但是完成 1000 个以上重大项目建设，工业生产总值是"第一个五年计划"的 1.3 倍，以公有制为主体的计划经济体制的中国在两个五年计划阶段，对内陆地区进行了大规模的基础设施建设和固定资产投资，使内陆地区的产业配套能力得到明显改善。但是产业转移政策的作用是在市场机制的作用下辅助市场机制推动产业转移，在这两个五年计划时期一直到改革开放以前，我国经济体制一直以计划经济为主，所以清晰的产业转移政策一直没有出台，但其对内陆地区的大规模投资与建设，为后期的产业转移奠定了基础。

度过了 1963 ~ 1965 年国民经济的调整期，我国进入"第三个五年计划"时期，在这一时期，我国国民经济发展同样跌宕起伏，但是作为我国产业转移政策的"雏鹰"时段，中西部地区的"三线"建设中大规模的基建投资为中西部地区注入了大量的资金和人才，是一场工业由东部地区转移到中西部地区的大型迁移过程，这也是我国产业转移浪潮的开端，仅这一时期，中西部地区的基础建设投资占全国的 40%，为中西部地区的工业化进程做出了极大的贡献，经历了"第三个五年计划"时期，我国工业化体系取得了质的飞跃，国民经济飞速发展，国家收入分配差距得到显著改善。

但是随着国际竞争的日益激烈，我国为了提高在国际的影响力，在"第四个五年计划"期间，开始从重视公平分配转向重视经济效率的提升。由邓小平同志主持的"第四个五年计划"任务逐渐从基础设施聚焦到新技术的引进与提高层面，实行沿海地区与内陆"三线"建设的政策，但是由于编制存在缺陷，国民经济效益的提高受到阻碍，不过我国依然完成了全国工业体系的建设任务，没有出现国民经济困难期，中西部地区产业转移配套能力显著提升。

1978 年党的十一届三中全会的召开标志着改革开放时代的到来，同时也代表着我国经济发展进入"五五"计划时期，在这一时期，我国轻工业得到巨大发展，速度超过了重工业，但是由于投资规模在产业间分配不合理，我国产业结构失衡的问题没有得到妥善解决，国家越来越重视产业结构比例失衡的问题，为后续的沿海地区向内陆地区的产业转移埋下了伏笔。

2. 改革开放后到中国加入 WTO 以前我国产业转移政策的实践脉络

进入 20 世纪 80 年代，我国进入"第六个五年计划"时期，沿海地区逐步形成了有层次、有秩序的对外开放体系，与国际上其他国家逐步接轨，并承接了国际上以"亚洲四小龙"为首的产业转移，在加速发展的同时也扩大了与内陆地区的经济发展差距，随着经济体制的改革，"七五"计划时期，市场经济体制地位显著提升，我国开始实施了具体的产业政策，我国产业结构失衡现象得到改善。但是沿海地区与内陆地区经济发展差距依然存在，具体的产业转移政策也没有出台，等到了"八五"计划时期，我国全面对外开放格局基本形成，市场经济逐渐趋于主导地位，沿海地区承接的国际上的制造业、引进的外资与日俱增，沿海地区充分利用国家制定的优惠的财政税收政策和地缘优势，实现了突飞猛进的发展，进入国际产业转移的加速阶段，虽然这一时期，国家并没有出台具体的产业转移政策，但是给予沿海地区优惠政策的实质就是沿海地区承接国际产业转移的指导意见。

"八五"计划时期对于交通基础设施的改善，为产业转移和

"九五"计划的实施营造了良好的环境,"九五"计划期间,宏观经济体制改革进入高涨阶段,我国经济体制已经变成以市场经济机制为主,以计划经济为辅,资源配置的基础性调节作用完全由市场机制掌握,主要运用市场机制加速产业结构调整。因此,我国政府经过协商出台了西部大开发战略,旨在提高西部地区的发展速度,加强西部地区的基础设施建设与生态环境的改善,这无疑为东部地区向内陆地区进行产业转移塑造了良好的产业配套能力,同时缩小了区域间收入分配差距。

3. 我国加入 WTO 以后产业转移政策的实践脉络

经济的快速发展无疑为环境带来了巨大的承载压力,因此,到了"十五"计划时期,我国政府逐渐聚焦环境保护的问题和第三产业的发展,经济格局越来越趋向区域协调融合的发展态势,公平与效率的取舍是制约产业结构调整的关键因素,信息产业发展速度得到显著提升。在"十五"计划期间,西部地区承接的产业与新中国成立初期国家的大规模投资和"三线"建设(西部地区承接产业转移第一阶段)时有所不同,中国加入世界贸易组织之后,中国承接转移的产业主要依靠的是市场力量,利用市场机制吸引大规模投资,这时与第一阶段的产业转移有着本质上的区别,因此,真正意义上的西部承接产业转移发生在"十五"计划期间,在这一期间,我国投入了大笔资金完善基础设施和采取大规模税收优惠政策,以及降低市场进入壁垒,辅助市场吸引外部投资,这是我国制定产业转移政策的一种形式。

为了进一步促进区域协调融合发展,我国急需进行经济结构的转变与优化,因此,进入"十一五"规划时期,我国发展重点转向产业结构的优化与升级,一方面完善基础设施,充分提高市场调配资源的能力;另一方面加速传统制造业的升级,最后加快服务业的发展。此时,沿海地区意图促进本地服务业的发展,而且中西部地区有传统制造业改造升级的欲望，推动了产业转移的进程，我国政府为了加速这一进程，于 2006 年出台了《西部大开发"十一五规划"》《国务院关于促进中部地区崛起的若干意见》，于 2009 年出台了《促进中部地区崛起规划》，以及于 2010 年出台了《国务院关于中西部地区承接产业转移的指导意见》，这些措施提升了产业转移进程的效率，也是推进产业转移动力的所在。

"十一五"规划时期所形成的协调发展格局为"十二五"规划的实施营造了良好的产业格局与市场环境，但是仍然有许多产业结构问题有待解决，因此，在"十二五"开局之年，产业转移就作为我国实现产业结构合理化的一项重要举措，中央和地方政府相继出台了《国务院关于中西部地区承接产业转移的指导意见》《东北振兴"十二五"规划》，一方面促进形成有秩序、有方向、有目标的合理化的转移路径；另一方面完善承接地产业配套能力，使转移产业与被转移产业形成有效的对接，产业转移政策作为中西部地区"筑巢引凤"的手段，提高了中西部地区产业结构转换的效率，同时也为东部地区"腾笼换鸟"提供了空间。

4. 当今时代我国产业转移政策的实施状况

现阶段，我国正处于"十三五"规划时期，然而东北地区经济一直处于疲软状态，为了形成全面开放的经济格局，促进欠发达地区的经济复苏，2016 年 11 月《东北振兴"十三五"规划》出台，涉及"深化改革 构建振兴发展新体制"，加快转变政府职能，深化国企国资改革，大力发展民营经济，推进重点专项改革；涉及"创新发展 培育振兴发展新动力"，建立健全创新创业体系，培育壮大创新创业群体，完善创新创业支持政策；涉及"共享发展 增进人民群众福祉"，扩大就业增加居民收入，增加公共服务供给，全面推进棚户区改造，推进精准扶贫精准脱贫，"激发东北地区各族人民参与规划实施、推动全面振兴的主人翁意识，形成全社会共同支持东北振兴的良好氛围"。

2018 年 6 月 11 日李克强总理亲临湖南省衡阳市白沙洲工业园考察承接东部产业转移情况，并指出东部向中西部产业转移既是趋势，也符合经济规律，体现了平衡发展和协调发展。衡阳有"雁城"之称，希望衡阳以及整个湖南当好承接东部产业转移的"领头雁"。湖南全省承接产业转移项目超过 16000 个，投资总额近 17000 亿元，每年带动城镇新增就业 70 万人以上。

为了湖南省更高效有序地承接产业转移，李克强总理向当地制造业企业的负责人提出宝贵的意见：现如今承接产业转移的重中之重跟过去相比发生了翻天覆地的变化，以往时期的产业转移拼的是国家优惠政策的倾斜，现如今的产业转移则更注重良好的营商环境的构造，中西部地区虽然在地理位置等其他优势上与沿海地区相距甚远，但是我们完全可以凭借后天的努力打造一个可以与东部地区抗衡的市场环境，为承接过来的产业转移项目营造良好的发展空间。李克强总理还指出：无论到任何时期，对外开放是我们一直不能摒弃的，我们一定要不间断无时无刻扩大对外开放，对中外企业一视同仁，并解决好产权保护问题，与外资企业长期合作共同进步，人工智能时代的到来，使全球各个领域发生了翻天覆地的变化，就业潮流也逐渐受到人工智能的影响。李克强总理在得知企业已经开始利用大数据分析社会的就业状况后说，就业问题不仅关系着国泰民生，也是我国实现跨越式发展的重要基石，"互联网＋就业"是当今时代市场配置资源最高级的形式也是最高效的平台，是就业潮流衍变的必由之路和发展趋势。可见，现如今的产业转移政策的制定更强调其功能性的属性，"有形之手"已经转变为"无形之手"的"左膀右臂"，辅助"无形之手"调配资源。地方政府的工作应在合理的制度安排下，一方面缩小"创租"空间，另一方面加大力度创造良好的营商环境。

表6.4　中央政府不同时段制定的产业转移政策

时段	经济体制	政策名称	政策内容	政策手段与属性	政策效果
"一五"计划（1953～1957年）	高度集中的计划经济体制	无具体产业转移政策	完善基础设施建设与交通运输体系，加强工业化建设	基建投资（无具体产业政策）	工业总产值增加，区域发展不均衡有所改善
"二五"计划（1958～1962年）	计划经济主导地位确立	《关于发展国民经济的第二个五年计划的建议的报告》	在不同地区投资建厂，注重技术改造与科研人才的培养	基建投资，要素支持政策（无具体产业政策）	国民经济衰退，产业结构严重失衡
"三五"计划（1966～1970年）	计划经济为主	《第三个五年计划（1966－1970年）的初步设想》	加强国防、科技、工业和交通在内部地区建设	基建投资，财政补贴（选择性）	资源配置效率低下，投资结构不合理，大批项目停滞
"四五"计划（1971～1975年）	计划经济为主体	《第四个五年计划纲要（修正草案）》	加速工业化进程，完善基础设施，大力发展新技术	基建投资，财政收支技术信息支持政策（选择性）	国民经济结构失调，经济效益低下，建成了大批骨干企业，日和基础设施
"五五"计划（1976～1980年）	市场机制逐渐显现作用	《国家计委关于1976－1985年国民经济发展十年规划纲要（修订草案）》	农业机械化，注重轻工业发展	投资政策，财政补贴（选择性）	经济增速加快，产业结构发生变化
"六五"计划（1981～1985年）	市场机制开始发挥作用	《中华人民共和国国民经济和社会发展第六个五年计划（1981—1985）》	农业改革与对外开放	要素支持政策与投资政策（选择性与功能性）	经济发展迅速，人才水平提高
"七五"计划（1986～1990年）	逐渐建立市场对资源的配置机制	《中共中央关于制定国民经济和社会发展第七个五年计划的建议》	经济体制改革，国企改革	结构调整政策，基建投资（选择性与功能性）	经济增长目标实现，经济波动剧烈

续表

时段	经济体制	政策名称	政策内容	政策手段与属性	政策效果
"八五"计划(1991~1995年)	市场在资源配置中的作用明显增强	《关于国民经济和社会发展十年规划和第八个五年计划纲要的报告》	经济体制改革,对外开放规模扩大,对外贸易发展	金融支持,住房补贴,投资政策,财政税收(选择性与功能性)	对外贸易发展,对外开放基本格局形成
"九五"计划(1996~2000年)	初步建立社会主义市场经济体制	《国民经济和社会发展第九个五年计划纲要》	拓展融资渠道,扩大西部地区对内对外开放,大力发展对外贸易	税收优惠,财政转移支付,信贷支持,基础设施投资(选择性与功能性)	非公有制经济进一步发展壮大,国有企业改革取得进展
"十五"计划(2001~2005年)	完善社会主义市场经济体制	《关于国民经济和社会发展第十个五年计划纲要的报告》	产业结构调整,完善风险投资机制,建立创业板股票市场,鼓励发展多种所有制的创新型中小企业	信贷支持,财政补贴,基建投资人才政策(选择性)	经济总量增加,对外开放加快,综合国力显著提升
"十一五"规划(2006~2010年)	市场主导作用逐渐稳固与提高	《西部大开发"十一五"规划》《中共中央 国务院关于中部地区崛起的若干意见》《国务院关于中西部地区承接产业转移的指导意见》《东北地区振兴规划》	健全市场机制,打破行政区划的局限,促进生产要素在区域间自由流动,引导产业转移	放宽市场准入,金融支持(功能性为主)	产业结构明显改善,新兴产业不断涌现
"十二五"规划(2011~2015年)	市场调配资源主导	《东北振兴"十二五"规划》《全国资源型城市可持续发展规划(2013—2020年)》	加大力度促进资源型产业合理有序转移,并完善相关产业配套措施,进一步加快资源型城市对外开放,加快服务业发展	对外开放政策、基建投资、税收优惠(功能型为主)	经济结构战略性调整得大进展,服务业比重上升,城市区域发展协调性增强
"十三五"规划(2016年至今)	市场机制主导,政府辅助	《东北振兴"十三五"规划》	创新驱动发展,经济结构调整为主要方向,区域协调发展	加大研发支出力度,创新补贴,信贷支持(选择性与功能性)	市场环境有所改善,知识产权保护加强,金融市场门槛降低

（二）地域维度

1. 东部沿海地区产业转移政策实施状况

京津冀地区作为全国金融贸易中心，汇聚了大量顶尖科技人才，也是我国经济战略部署最集中的区域，地缘优势十分显著，作为国家经济发展战略部署基地，在经济发展新格局的演变下，京津冀地区有着迫切的产业转移与升级的欲望，因此，2015 年，我国政府出台了《京津冀协同发展规划纲要》：一方面疏解北京非首都功能，促进环保、交通、产业升级与转移，另一方面鼓励京津冀地区带动周边地区发展。

长三角地区是我国综合实力最强的经济中心，是我国经济发展的佼佼者，同时也是全国要素资源的集聚地，随着长三角地区集聚成本的提高，地区企业为了追求自身的发展，有着强烈的转移欲望。1995 年国务院做出了"东锭西移"的产业转移战略，上海市作为长三角地区的主要基地，同年就向西部地区转出了 43 家国有企业。这一战略虽然对于上海来说是失败的，因为上海地区的纺织企业数量反而增加了，但是促进了中西部地区传统纺织业的升级与改造。现如今的上海在承接产业转移基础设施建设方面做出了巨大贡献，提倡综合利用空间，加强对商用、民用等公共基础设施的综合开发，促进铁路、轨道等交通基础设施复合开发与利用，这无疑为上海地区承接国际产业的转移、将国内的产业转移出去都提供了便利，提高了转移的效率。2006 年 10 月出台了《中共中央关于构建社会主义和谐社会若干重大问题的决定》，指出，"支持经济发达地区加快产业结构优化升级和产业转移"。江苏省作为我国的经济大省，是我国产业转移的典型省份之一，因为江苏省的产业转移既包含国际部分，又包含区域部分，区域部分主要是由于苏南、苏北受到地理、自然环境与资源等多重因素的影响，形成了梯度发展差异。因此，早在 2004 年江苏省就出台了《加快苏北发展政策文件汇编》，并于 2005

年出台了《关于加快南北产业转移的意见》，这一系列宏观政策工具与微观政策手段相结合，为江苏省进行产业转移提供了科学有效的保障措施。

珠三角地区是广东省经济发展的核心区域，广东省出台了《中共广东省委、广东省人民政府关于推进产业转移和劳动力转移的决定》与《广东省产业转移区域布局指导意见》"双转移"文件，一方面促进广东省"腾笼换鸟"调整产业结构，另一方面让劳动力采取"用脚投票"的方式向珠三角地区转移，"双转移"战略推动了广东省产业结构的合理化，构建了"人的繁荣"与"地的繁荣"双重经济格局。

福建省在对待产业转移问题的研究上，着重强调产业转移园区的建立，通过集聚效应促成转移企业形成规模经济，通过帮扶机制促进园内产业发展，因此，福建省制定了《福建省人民政府关于促进武夷新区产业发展的若干意见》，将厦门市、泉州市、南平市强强联合并在武夷新区共同组建产业转移园以为区域外部企业提供高水平的承接平台。

山东省对待产业转移问题更侧重于城市建设以形成产业布局合理、基础设施完善的城市带，吸引高附加值、低污染优势产业转移到城市带，例如，山东省在发展菏泽市的战略布局上，注重生产要素的供给，将生产资源大力向菏泽市倾斜，并将其列入《西部经济隆起带发展规划》中，国家层面也将菏泽市列为《中原经济区规划（2012—2020 年）》，这两项政策的叠加效应，使山东省的产业转移在良好的政策环境引诱下朝着高效率的方向递进。

2. 东北地区产业转移政策实施状况

东北地区近些年来，一直处于经济发展的疲软时期，主要是受到历史遗留因素和地理区位的影响，因此，近些年来，一直受到中央政府的持续关注。在"十三五"规划时期，中央政府就出台了

《东北振兴"十二五"规划》与《东北振兴"十三五"规划》，其实质是想通过简政放权等一系列政策手段恢复东北往日辉煌的局面。实现这一局面的最重要的途径就是产业结构的调整与升级，即吸引新兴产业入驻和实现传统制造业的改造升级。为此地方政府也做了不少的工作，例如，吉林省经济技术合作局于 2011 年出台的《特色及重点产业专业化招商工作方案》，将汽车、石化、农产品等主导产业和一些具有较大发展空间的新兴产业作为承接产业转移的重点，实现有效合理的双向对接；黑龙江省凭借优越的地缘优势，即与俄罗斯毗邻，2015 年，国家发改委、外交部以及商务部三部委联合出台了《推动共建丝绸之路经济带和 21 世纪海上丝绸之路愿景与行动》将黑龙江省划入"一带一路"中蒙俄国际经济合作走廊，黑龙江省依托经济走廊，聚集丰富的要素资源，形成独具特色的产业园区，作为承接产业转移的集聚地，打造"一环一外"的产业发展新格局；辽宁省则利用特色产业以及政府的鼎力支持，采取服务外包的产业转移模式，提高了特色产业自主创新的能力，产业链得以规模化与延伸。

3. 西部地区产业转移政策实施状况

西部地区是我国传统产业的重要基地，经济发展的不平衡一直是中央政府关注的焦点。近几年来，西部地区市场化程度不高，资源面临枯竭，产业结构低层化，制度改革跟不上步伐，导致西部地区经济增长缓慢，持续落后于沿海地区。面对这一系列的"西部现象"，中央政府及地方政府都出台了一系列产业政策，调整西部地区的产业结构，促转型、促升级。就产业转移层面而言，陕西省早在"十一五"规划期间，就出台了《陕西省人民政府办公厅关于加强承接产业转移工作的通知》，该通知的出台意味着政府将利用财政、税收等一系列政策手段大力支持承接国内外的产业转移，仅仅 3 年，陕西省就承接了大约 5000 个产业转移项目，招商引资突破 3000 亿元，促成了 20 个工业产业集群，并在产业园区大力建设基础设施，最终形成具有完备的和强大竞争力的产业体系。相比陕西省，甘肃省早在"一五"计划时期和"三线"建设期间就积极承接国家部署的产业转移项目，重大项目就有 16 个，推动了甘肃省的工业体系朝着更全面有序的方向发展；在此之后，"十一五"规划期间、"十二五"规划期间，甘肃省招商引资规模庞大，服务业与制造业双重转移，加快了甘肃省的产业承接速度，同时，政府出台了《甘肃省政府关于加快开发开放积极承接产业转移的实施意见》，并作为承接产业转移的桥梁与纽带，通过加大产业转移承接力度，推动甘肃省传统产业的改造与升级和新产业的跨越式发展。

2009 年，温家宝总理在《政府工作报告》中曾指出，"抓紧研究制定中西部地区承接产业转移的具体政策。制定和实施全国主体功能区规划"。在 2011 年，青海省响应国家号召，在"十二五"规划时期详细制定了《青海省发展规划》，促进青海省的产业转移，无疑为青海省的产业转移营造了良好的政策环境。同样受到国家持续关注的贵州省近些年来也享受到了国家的优惠政策。2012 年 1 月 12 日，《国务院关于进一步促进贵州经济社会又快又好发展的若干意见》出台，在税收、土地、招商引资等方面都会给予扶持性政策。为了顺应国家的优惠政策以及扩大招商引资的规模，贵州省出台了《贵州省领导干部带头招商引资的考核及奖惩办法》，为贵州省承接国内外产业转移营造了良好的投资环境。对于云南省，虽然国家没有出台具体的有针对性的政策，但在 2013 年 10 月，云南省就被列入长江经济带发展规划，这也是云南省利用产业转移实现突破式发展的机遇相较于云南省，同样作为西部地区的重庆市在产业转移上出台的政策就极具针对性，例如，重庆市在承接浙江省的产业转移项目上，一方面，举办了浙江与重庆的关于投资经贸的活动；另一方面，为了更好地推进重庆市产业转移，重庆市与浙江省还签署了

《全面促进渝浙经贸合作框架协议》，在跨区域产业转移的合作上达成一致意见。

宁夏在产业转移上虽然没有具体相关的政策出台，但是有关工业用地政策的出台，为产业转移创造了机遇与平台。2009 年，出台了《宁夏回族自治区工业用地出让最低价标准实施意见》，该意见显示，宁夏将土地由原来的七个等级分成八个等级，在银川市内，土地最低出让价格已经达到了 16.8 万元/亩，其他地区也重新做了划分，最低分成 15 个等级，最低价格标准变为 4 万元/亩。因此，宁夏可充分利用这一契机，依靠政府间相互协商和东部地区的挂牌市场吸引东部产业入驻，提高宁夏的土地产出率。相比宁夏，新疆的土地价格虽然没有做出太大调整，在税收上却体现了新疆地区对产业转移的扶持力度：经过新疆维吾尔自治区人民政府审核通过的符合条件的区外生产性企业，自生产开始的那一天，就免征企业所得税等；建设期内，不征收企业所得税。这一系列的税收优惠为区外产业入驻新疆提供了便利的发展空间。《国家发展改革委关于支持新疆产业健康发展的若干意见》指出："新世纪以来，为贯彻落实中央西部大开发战略，我委在钢铁、炼油、石化、建材、化肥、电力、石油和天然气等领域安排和核准了　批重大项目，为新疆产业发展打下了良好的基础。"例如，意见指出，"鼓励新疆发展产业链长、附加值高、带动就业作用强的汽车制造业。国内大型汽车制造企业到新疆设立分厂生产整车，不受兼并现有汽车生产企业的政策限制。新增传统汽车产能要适应区域市场需要，并将周边国家和地区的需求作为项目布局的重要因素"，这为新疆汽车产业的发展带来了前所未有的机遇。

与新疆类似的是西藏，其在扶持产业转移项目、税收体制方面进行了大幅度的调整，例如，早在 1994 年，西藏自治区财政厅就出台了《关于实行分税制财政管理体制的试行意见》。为此，西藏在预算管理体制方面有四个流程：首先具体划分不同种类的税种，其次核定政府部门的预算收支范围，再次对区外转移的企业给予定额补助，最后采取中央与地方分级包干的原则。这一体制给予西藏自治区人民政府一定的财政权，产业转移政策更有针对性，进而大力建设基础设施，为产业转移提供配套的能力。

内蒙古地区在财政补贴上更倾向于多样化手段，例如，在财政上就建立了承接产业转移的专项资金，集中投资非资源产业，并利用税收优惠引领企业投资非资源项目；在企业所得税上实施"两免三减半"优惠政策；在金融支持上，为广大中小企业提供担保，并加大了贷款的力度等。这些优惠政策使内蒙古地区吸引了大批优势企业入驻，为本土产业增添了原动力。广西在承接产业转移的问题上出台了具体的产业转移决定，并受到"央企入桂"的战略引导，广西经济飞速发展。2007 年，广西制定并出台了《广西壮族自治区党委、自治区人民政府关于推进承接产业转移工作的决定》，表明广西正面临产业转移的重大机遇，必须牢牢把握，不能错失良机，并在 2010 年成立了广西桂东承接产业转移示范区，这一示范区的建立，也标志着我国继安徽省皖江城市带承接产业转移示范区建成之后的第二个产业转移示范区成立。

相比而言，四川省在产业转移上缺乏主动性，近些年来出台的系统的产业转移政策很少，这样就导致即使有外资企业想要投资四川，却没有相关的法律体系依靠，这很容易造成产业承接缺乏科学合理性，更甚者将导致盲目承接产业的问题。四川成都在产业转移配套方面做出的贡献相比整个四川省来说还是较为突出的，其出台的《成都市汽车产业集群发展规划（2008 - 2017 年）》《成都市国民经济与社会发展第十一个五年规划纲要》针对汽车产业中大众、丰田等龙头企业，积极探索形成产业集群模式，精准把握产业集群的发展优势，加强集群基础设施建设，为集聚区招商引资做好充分的准备。在这样的差异化政策引导下，成都市经济发展在四川省内遥遥领先，也带动了其他城市相关产业的发展。

4. 中部地区产业转移政策实施状况

我国中部地区煤炭工业非常发达，但是近些年来，煤炭资源面临枯竭的窘境，中部地区经济发展停滞不前，因此，迫切需要与沿海地区形成产业对接，对传统煤炭工业改造升级，并拓宽产业的发展空间。根据梯度转移规律，中部地区相比西部地区在承接产业转移上更快速、更高效，具有交通运输上的相对比较优势，因此，中部地区应紧紧抓住这一契机，实现产业结构的转换。安徽省正是利用这一优势实现了产业结构的调整，安徽省有第一个产业转移示范区——皖江城市带承接产业转移示范区，在区位上四面环绕江苏等长三角地区，交通发达，区位比较优势突出，作为我国首个产业转移示范区，国务院明确批复了《皖江城市带承接产业转移示范区规划》，这标志着我国首个区域发展规划围绕产业转移展开，这一规划使皖江城市带承接产业转移示范区形成了完备的产业配套能力，为承接产业转移创造了完善的基础设施环境，加速了安徽省产业转移进程。

与其他省份单方面促进产业转移不同的是，河南省在产业转移承接上更侧重宏观规划。首先要甄别出河南省的优势产业，这是重中之重；其次，合理规划优势产业布局，并充分认识区域内的比较优势和资源禀赋，最终与区域外部产业形成有效对接，实现内部产业结构的优化与升级。可见，政府审时度势的能力对于河南省政府在承接产业工作上尤为重要，政府专业人才的储备必不可少。"十二五"期间，河南省一方面做到了人才的储备，另一方面在承接产业转移环境建设方面狠下功夫。在 2009 年《河南省人民政府关于积极承接产业转移加快开放型经济发展的指导意见》出台之后，河南省利用外资的规模增长近1/3，利用境内外资金占全省固定资产近1/3，可见，河南省的产业转移政策的效果十分显著。

    江西省对比河南省并不是从宏观整体角度出发，而是从直接政策与间接政策双重角度出发制定相关产业转移政策，只不过针对的主体有所区别，直接政策相对来说更微观，针对的是产业内的企业。例如，2007 年 12 月，江西省针对企业出台的《江西省招商引资优惠政策》给予了转移企业在税种上按照产品种类、生产经营期限与地区上各种各样的税收优惠；在土地上，各行各业使用土地的年限都相对较长。间接政策主要针对区域内的产业，大力完善基础设施建设体系，营造良好的投资环境，江西省在这方面做出了很大的努力，例如其制定了《江西省"十一五"产业结构调整实施意见》，指出，"加强财税、信贷、土地等相关政策与产业政策的协调配合，严格执行技术、质量、安全、环保等行业准入标准，切实促进产业结构的优化升级。实现以高新技术产业为先导、基础产业和制造业为支撑、服务业全面发展的全新格局"。

    关于政策的制定，无论是中央政府还是地方政府都强调政策要具体并有针对性。湖南省在这方面就做得非常好，为了实现更有效率地产业承接，2008 年湖南省制定并出台《湖南省人民政府关于积极承接产业转移促进加工贸易发展的意见》。该意见在政策上创新点层出不穷，财税支持力度也超乎寻常，并做到了针对产业转移的每一项问题与事件都能具体商议，针对每一个企业都做到专门制定一项扶持政策，产业转移政策的效果十分显著。湖北省的产业转移方案则以打造武汉城市圈为主，侧重"两型社会"建设，产业配套能力的综合改善方案得到了国务院的批准并实施，促进了产业转移所匹配的环境建设，为后续产业转移创造了便利条件。在《湖北省工业经济稳增长快转型高质量发展工作方案（2018 - 2020 年）》中，明确提出，"为深入贯彻习近平新时代中国特色社会主义思想和党的十九大精神，抓住经济发展由高速度向高质量转型的关键'窗口期'，赢得新一轮生产力布局调整的主动权""提高创新发展的技术支撑能力。建设创新发展的现代产业体系，推进创新链、产业链、资金链、政策链、人才链'五链'融合，提高资源市场化配置能力和配置效率，形成有利于科技成果产业化的协同创新体系"，这样才能推动湖北省产业发展。

　　山西省是煤炭大省，近些年也面临迫切的产业转移窘境。2016年山西省政府为了积极承接京津冀产业转移，深度与环渤海地区合作，促进山西省产业转型与升级，出台了《山西省人民政府关于山西融合环渤海地区发展的实施意见》，充分发挥山西省区位优势，加强基础设施互联互通，推动产业转移与发展，打造环渤海一体化经济格局。表 6.5 具体总结了不同地域与时期实施的产业转移政策。

表 6.5　不同地域与时期的产业转移政策内容划分

地域	地区	时间段	政策名称
沿海东部地区	北京	"十二五"规划时期	《京津冀协同发展规划纲要》
	天津	"十二五"规划时期	《京津冀协同发展规划纲要》
	河北	"十二五"规划时期	《京津冀协同发展规划纲要》
	上海	"十三五"规划时期	《上海市城市总体规划（2016－2040）》
	江苏	"十五"计划时期	《关于加快南北产业转移的意见》
	浙江	"十二五"规划时期	《浙江省转型升级产业基金管理办法》
	广东	"十一五"规划时期	《广东省产业转移区域布局指导意见》
	福建	"十二五"规划时期	《福建省人民政府关于促进武夷新区产业发展的若干意见》
	山东	"十二五"规划时期	《西部经济隆起带发展规划》《中原经济区规划（2012—2020 年）》
	海南	"十二五"规划时期	《海南省人民政府关于承接产业转移的实施意见》
东北地区	吉林	"十二五"规划时期	《特色及重点产业专业化招商工作方案》
	黑龙江	"十二五"规划时期	《推动共建丝绸之路经济带和21世纪海上丝绸之路愿景与行动》
	辽宁	"十一五"规划时期	《大连市进一步促进软件和服务外包产业发展的若干规定》

地域	地区	时间段	政策名称
西部地区	陕西	"十一五"规划时期	《陕西省人民政府办公厅关于加强承接产业转移工作的通知》
	甘肃	"十二五"规划时期	《甘肃省政府关于加快开发开放积极承接产业转移的实施意见》
	青海	"十二五"规划时期	《青海省发展规划》
	贵州	"十二五"规划时期	《贵州省领导干部带头招商引资的考核及奖惩办法》
	重庆	"十一五"规划时期	《全面促进渝浙经贸合作框架协议》
	宁夏	"十一五"规划时期	《宁夏回族自治区工业用地出让最低价标准实施意见》
	新疆	"十二五"规划时期	《国家发展改革委关于支持新疆产业健康发展的若干意见》
	西藏	"八五"计划时期	《关于实行分税制财政管理体制的试行意见》
	内蒙古	"十二五"规划时期	《内蒙古自治区人民政府关于承接产业转移发展非资源型产业构建多元发展多极支撑工业体系的指导意见》
西部地区	四川	"十二五"规划时期	《成都市汽车产业集群发展规划（2008—2017年）》
	云南	"十三五"规划时期	《国务院关于支持沿边重点地区开发开放若干政策措施的意见》
	广西	"十一五"规划时期	《广西壮族自治区党委、自治区人民政府关于推进承接产业转移工作的决定》
中部地区	安徽	"十一五"规划时期	《皖江城市带承接产业转移示范区规划》
	河南	"十一五"规划时期	《河南省人民政府关于积极承接产业转移加快开放型经济发展的指导意见》
	江西	"十一五"规划时期	《江西省招商引资优惠政策》
	湖南	"十一五"规划时期	《湖南省人民政府关于积极承接产业转移促进加工贸易发展的意见》
	湖北	"十三五"规划时期	《湖北省工业经济稳增长快转型高质量发展工作方案（2018－2020年）》
	山西	"十三五"规划时期	《山西省人民政府关于山西融合环渤海地区发展的实施意见》

第四节　我国产业转移政策存在的主要问题

产业转移政策的实施效果一方面取决于区域经济的发展水平，另一方面取决于地区的市场化程度。而我国的地区市场化进程表现出了强大的地区差异性，因此，产业政策的实施效果在市场化程度不同的前提下也面临不同的问题。

一　市场信息的不完全导致"创租"空间形成

对于产业转移的承接地来说，首先，地方政府为了合理化本地区的产业结构，将采取一系列财政金融工具、货币工具、投资工具、土地优惠等进行招商引资和吸引资本技术密集型产业入驻本地区，但承接地政府基于市场机制所获得的产业信息往往并不充分；其次，因势利导型政府基于公共选择理论存在很强的自利动机；再次，产业转移政策制定的风险全部集中在政府部门；最后，政府给予的补贴往往被具有策略动机的利益集团捕获，造成投资资源浪费。基于以上几条原因，地方政府实施产业转移政策时很难甄别有利于本地经济发展的优势产业，可能会引进高污染、高耗能的产业，使承接地环境日益恶化，产业转移政策的实施效果偏离原本的政策目标，产业转移政策的实施效果受到制约无法释放。

产业转移政策要求政策制定者有能力确定产业发展的愿景，选择适合本地区产业发展的道路，并实施一系列不同但连贯的行动，为经济体系转变提供条件与具体路径①。然而，经济体制的条块分割给予地方政府很大的权力空间，基于中央政府的绩效考核，地方政

① Patnizio Bianchi, Sandnine Labory, "Economic Crisis and Industrial Policy," *Review of Economic Industry* , 2010, 129 - 130: 301 - 326.

府官员为了稳定自己的政治地位，提高自己的政治业绩，在市场信息不完全、不充分的前提下，很容易使地方政府与地方国有企业"创租"机制形成。地方国有企业凭借稳固的政治关联获得有利于本企业发展的经济资源，即使引入了高污染、高耗能的产业，地方政府也有可能在收到经济租金以后替其隐瞒，不向中央政府汇报，这无疑将给本地的环境带来巨大的威胁，当地经济的可持续性发展受到严重制约。综上所述，市场信息的不完全一方面使地方政府官员在非专业的前提下很容易引进高污染、高耗能的产业；另一方面，经济体制的条块分割很容易形成本地政府与本地大企业的"创租"机制，使地方经济的可持续发展道路受阻。

二 承接地产业配套能力欠缺无法形成成本优势与技术关联

除上述问题之外，还会存在承接地产业配套体系不完善、引进产业时缺乏一定的秩序、转入企业与本地合作企业规模效益不显著等根本缺陷。倘若承接地转入资本与技术密集型产业，往往这类产业对劳动力专业知识水平要求较高，不求数量只求质量，而本地区还会淘汰一部分落后的劳动密集型产业，因此，吸收本地的就业量非常有限，这也是承接地实施产业转移政策的根本问题之一。为了吸引资本技术密集型产业入驻，地方政府往往会给予补贴，获得政府补贴的企业可以不通过企业运营就获得稳定的收入，将大大降低企业创新的动力进而降低企业的全要素生产率，还会引发企业的过度投资，导致资源对生产率的促进作用递减，使产业转移政策的效果大打折扣，这也是产业转移政策现存的根本问题[①]。

产业配套能力的欠缺指的是承接地并没有形成相似的产业集群。大规模的产业集群一方面通过降低区位的服务关联成本，吸引大批

---

① 观点引自张少军、刘志彪《全球价值链模式的产业转移——动力、影响与对中国产业升级和区域协调发展的启示》，《中国工业经济》2009 年第 11 期，第 5～15 页。

优势产业进入当地，形成产业集聚区，使规模经济总量递增；另一方面企业之间相邻，使企业更便利地获取中间产品并使企业通过技术的正外部性获得外溢性收益①。因此，当承接地承接产业转移以后，入驻产业由于缺少类似产业集群无法进行大规模生产，规模经济效应不足，生产成本没有显著的优势，因此产业转移政策只是一味地吸引优势产业入驻，而忽略将地方产业基础设施和要素引领到集聚区的规划，这样的产业转移政策将引发一系列产业发展弊端，引入进来的产业无法长期生存下去，最终只能被淘汰。

三　"腾笼换鸟"尚不成熟易造成产业空心化格局

对于产业转移的转出地来说，地方政府存在淘汰夕阳产业、落后产能的意愿，为了加速落后产业转出本地区，当地政府会实施政策上的优惠，不过物质资本大量流失，使物质生产在该地区社会经济地位骤降，也使本地区物质生产与非物质生产严重脱离，服务业发展与制造业发展的比例严重失衡，酿成了产业空心化的格局，传统产业逐渐被边缘化，高端产业发展力不足，产业空心化特点也制约当地经济的发展，这是产业转移政策实施以后的根本缺陷。

产业空心化核心概念指的是以制造业为中心的物质资本大量撤离本区域，造成区域内部物质生产与非物质生产严重失衡，即制造业比例与服务业比例严重失衡的局面。转出地制造业的大批撤离，导致当地服务业无法再为制造业提供高水平的人力资本，在服务业发展水平还没有达到规模的时期，制造业的大比例撤离将对服务业产生大规模冲击。这种冲击一方面体现在失业问题上；另一方面，在全球价值链一体化的背景下，服务业被作为中间物品投入制造业，这种深度分工的形式有利于提高产业的运营效率，一旦制造业大规

---

① 张少军、刘志彪：《全球价值链模式的产业转移——动力、影响与对中国产业升级和区域协调发展的启示》，《中国工业经济》2009 年第 11 期，第 5～15 页。

模撤离，服务业作为中间产品的价值则不复存在，减少了服务业的价值收入，也降低了服务业的分工深度，制约了当地服务业的发展。因此，在转出地服务业还没有形成集聚效应的时候，一味地转出传统产业将制约当地新兴产业的发展。

四 产业转移成本过高导致产业转移存在黏性

本部分先从产业转移黏性的角度来说被转移企业在转出前的情况。一方面由于在当地已经建立起来关系网，有获取资源的相对比较优势，企业并不愿意失去这种比较优势，同时，与当地关联企业早已形成产业园区，存在规模经济的正效应，企业并不愿意丧失聚集效应带来的好处；另一方面，被转移企业固定资产投资规模大即沉没成本巨大，以及资产的专用性程度高导致对产业配套能力的需求量大，产业转移成本高昂。这两方面的因素造就了产业转移黏性，是产业转移政策实施面临的主要问题。

再者，转移过程中对不可抗力的错判与失误预估也会使产业转移成本过高。这主要是因为，自然灾害的来临总是令人措手不及，人们始终无法精准地预判自然灾害的降临时期，如果转出地政府没有精准地预估到自然灾害来临的时期，就将对资源产业酿成不小的损失。例如，如果山西省政府意图将煤矿产业转移至边缘地区，预期下个月将有地震发生，于是准备在下个月实施动工，然而，万万没想到，地震在这个月就发生了，其导致煤矿崩塌，产业转移戛然而止，这种现象属于错误的预估；另一种情况就是在煤矿场内，员工的错判导致了瓦斯爆炸，煤矿大面积受损，产业转移也无法进行下去。可见，不可抗力的错判与失误预估使产业转移营业外成本过高，产业转移的时机不确定性会影响产业转移进程。

第七章
国外产业转移实践

第一节　美国产业转移实践分析

一　美国产业转移历程

美国是继英国之后国际产业转移的第二个高地，成为新的世界制造中心。第一，主要得益于第二次工业革命，美国的技术水平有了极大的提高，拥有良好的技术优势。美国的产业转移遵循产业梯度转移规律，由高梯度地区向低梯度地区的欧洲和日本转移，接着向更低梯度的中国和东南亚地区转移①。美国的产业转移不仅促进了本国的经济发展，也促进了整个世界范围的经济进步，在一定程度上实现了世界的共同发展。相较于第一次工业革命的中心英国，美国的工业革命起步较晚，但其对科技领域的重视程度很高，并不断加大对资本投入力度，提升技术发展水平，推动科技发展与实际生产相融合，提高市场转化率。在第二次工业革命中，美国诞生了一批新兴产业，随着这些产业的不断发展和进步，美国的经济水平有

---

① 观点引自崔海潮《产业转移、世界制造中心变迁与中国制造业发展研究》，西北大学博士学位论文，2009。

了很大的提升。第二，美国具有丰富的资源，消费市场潜力巨大，拥有雄厚的资本，这些自然资源和生产资源是美国经济发展的前提条件，为其在第二次工业革命中的发展奠定了坚实的基础。同时美国自由的文化环境和宽松的投资环境吸引大量的移民，人力资本的流入为美国的发展提供了充足的专业人才和大量劳动力。第三，美国具有先进的技术和领先世界水平的成果。为了化解经济危机带来的问题，同时降低失业率，实现充分就业，美国政府加大了公共投资力度，在科学技术领域内进行大规模的投资，在此期间，美国的技术水平有了大幅度提升，技术产业占据了市场的大部分比重，有着很强的国际竞争力①。

美国的产业转移主要表现在国际转移中，根据不同的承接方，可以将美国的产业转移承接国家分为三种。一是美国向德国和日本进行产业转移。美国对德国和日本进行的产业转移可以根据不同的时期和不同的产业分为三个阶段。第一阶段为20世纪50年代，第三次科技革命给美国的经济发展带来了极大的机遇，新兴产业大量出现并且在政策和资本的支持下迅猛发展。与此同时，美国传统的劳动密集型产业的发展已经较为成熟，二战过后，美国产业进一步升级，加大投入力度，发展机械、化工等资本密集型产业，同时为了寻求更为低廉的劳动力，美国将纺织、食品加工等较为成熟的劳动密集型产业向德国和日本进行转移，更加充分利用国外的劳动力资源，发挥本土优势。第二阶段为20世纪60年代，美国在约翰逊总统的领导下，进行产业结构调整，大力发展第三产业，缓解石油危机带来的一系列经济问题。美国的电子信息技术的快速发展使在第三次科技革命中发展起来的资本密集制造业在国内发展的优势逐渐丧失，与此同时，德国和日本在前期承接美国劳动密集型产业的

---

① 观点引自魏博通、李晓云《美国区域产业转移研究综述》，《生产力研究》2010年第11期，第234~236页。

转移中积累了大量的资本，缓解了二战带来的部分经济压力，二战后的经济水平有了恢复。美国对德国和日本的产业转移由劳动密集型产业逐步过渡为资本密集型产业，德国和日本结合本国的实际情况，充分发挥比较优势，对美国的领先科技进行引进、消化和吸收，大大地提升了生产力水平和生产效率，承接美国的钢铁、煤炭等资本密集型产业。第三阶段为 20 世纪 80 年代，美国为了解决存在的高通货膨胀率和高失业率问题，大力加大科研投入力度，发展高技术产业。德国和日本在积累了资本和吸收了先进技术之后，承接美国转移的产业也由资本密集型产业过渡为技术密集型产业。二是美国、德国、日本向新兴经济体进行产业转移。随着德国和日本的经济发展，美德日三个国家向新兴经济体进行产业转移，与美国向德国和日本进行产业转移相类似，同样可以分为三个阶段。第一阶段为 20 世纪 60 年代，美德日向新兴经济体转移了已经发展得较为成熟的劳动密集型产业；第二阶段为 20 世纪 70 年代，随着新兴经济体的资本积累，美德日的产业转移由劳动密集型产业过渡为资本密集型产业；第三阶段为 20 世纪 90 年代，新兴经济体吸收了先进的技术，生产力水平有了很大的提升，美德日的产业转移主要转变为技术密集型产业。三是美国、德国、日本和新兴经济体共同向中国进行产业转移。与前两种不同的是，只分为两个阶段：第一阶段是 20 世纪 80 年代，中国进行了改革开放，打开了国门，大量的廉价劳动力吸引国外的投资，美国、德国、日本和新兴经济体为了节省劳动力成本，将劳动密集型产业转移到中国；第二阶段是 20 世纪 90 年代，随着资本的不断积累，中国的经济发展水平有了很大的进步，承接的转移产业也逐渐转变为资本密集型产业。经过一系列国际产业转移活动，美国将大量的资源集中于发展高新技术产业、高效优质的先进产业，在飞机制造、生物工程、信息技术等具有强技术性的产业上有着较大发展，遥遥领先于其他国家，在国际市场上占较大比重，其垄断优势使美国具备很强的竞争力。

二 美国产业转移特点分析

（一）产业转移承接方特点分析

从美国进行国际产业转移投资总量层面来看，产业转移的承接方在空间上的布局遵循一定的规律，同时也比较稳定，不存在太大的变化和波动。美国的产业转移承接方以欧洲国家为主，占比较大的比重，对拉美地区以及亚太地区的产业转移的投资量要少于欧洲地区，而对中东地区和非洲地区的产业转移只占美国国际产业转移非常小的一部分。自 20 世纪 80 年代，美国对外产业转移的投资总量中，欧洲地区国家约占 1/2，是美国进行国际产业转移十分重要的承接方。欧洲地区国家与其他国家相比，具有明显的发展优势，是美国对外产业转移的重点对象。欧洲地区不论是国家的经济发展水平还是企业的生产技术水平和生产效率相对成熟，在国际市场上处于较为领先的地位，具有明显的发展优势，具有较高的国际竞争力，在国际市场上占有一席之地。美国进行产业转移，承接方企业的生产技术水平、管理水平、运营能力和市场营销能力等方面都是考察要素，欧洲国家和美国的经济发展水平所处阶段较为相似，国民消费水平接近，市场结构同样存在一定的相似度，美国企业在欧洲市场上的发展不存在过多阻碍，有利于扩展其国外市场，提高在国际市场上的占有率，这使企业得以进一步发展①。

美国进行国际产业转移的投资总量中次于欧洲地区的是拉美地区，由于地理位置的便利、具有相互联系的历史基础、较为相近的文化环境，拉美地区是美国进行直接投资的集中区域，同样拉美地区丰富的资源是美国经济发展过程中迫切需要的，补足了美国部分

---

① 观点引自邹全胜《美国对外直接投资的演变及其影响》，《世界经济与政治论坛》2005 年第 1 期，第 46～50 页。

资源短缺问题。美国对于亚太地区的投资与欧洲地区和拉美地区相比较少，主要的产业转移集中在日本等发达国家，缺少对欠发达地区的产业转移活动，但从 20 世纪 90 年代起，美国加大了投资力度，将产业转移的承接方集中于亚太地区的发展中国家和地区，充分利用当地丰富且低廉的资源，降低企业生产成本，开拓新的市场，促进企业大力发展。亚太地区的市场发展较晚，与欧美地区成熟的市场相比，有着更加广阔的市场和无限的市场潜力。与此同时，20 世纪末期，亚太地区的众多发展中国家在世界经济飞速发展的大环境下，随着本土的经济改革和发展，产业结构调整进入关键时期，美国所具有的先进技术是进行结构优化升级过程中迫切需要的，在承接方积极引进外资及承接美国的国际产业转移和美国扩大对外投资的共同作用下，美国形成良好的产业向外转移机制和与亚太国家有良好的合作关系。

（二）转移产业特点分析

二战之后，随着美国经济实力的增强，发展重点也发生了转变，与之相适应的对外产业转移的行业结构也发生了变化。美国对外进行产业转移以及直接投资的产业由初期的资源开发型产业向制造业转变，受第三次科技革命的影响，美国的转移产业逐步向第三产业过渡。随着美国对外产业转移和直接投资的行业结构不断变化，投资结构逐渐呈现高级化特点，投资结构日趋简单。虽然美国对外转移产业有着向第三产业过渡的发展方向，制造业的投资比重有下降趋势，但仍然占据较大一部分市场，在美国对外转移及直接投资的产业中占半数以上，是美国长期以来进行对外投资的稳定目标。

通过分析美国对外转移和直接投资的制造业行业结构变化，可以将其主要分为三类。第一类产业是美国的传统产业（钢铁、煤炭、机械产业等）。美国的传统产业发展已经不再处于辉煌时期，甚至存在产能过剩、利润率低或者亏损等问题，更有甚者步入产业发展的衰退阶段，这些产业在美国境内已经不具备发展优势，发展潜力不足，进一步发展的空间十分狭小。传统产业的企业想谋求新的发展，焕发新的生机就需要寻求在资源上具备比较优势的地区进行生产和发展，扩大其产品市场，减缓产业衰退，但同时这些传统产业存在一个问题，由于传统产业发展起步早，产业发展和生产技术已经趋于成熟，企业的发展空间十分有限，在国外市场能够谋求到的经济利润也有限，投资难度相对较大，故传统产业企业想要在国际市场上寻求更加低廉的生产资源和劳动力，通过降低生产成本来谋求更高的利润，提高市场占有率和国际市场竞争力。由于传统产业企业的生产需求和考虑承接方的比较优势，美国的传统产业转移的承接方主要为发展中国家和地区，例如东南亚、非洲和拉美地区等。第二类产业是美国的轻工业（纺织、食品等产业）。轻工业主要加工生产生活资料，与人们的生活息息相关，轻工业具有资本投入少、利益回收快的特点，因此吸引大量资本进入，投资前景良好，具有较强的产业发展潜力。另外，轻工业由于其生产特性，具有很强的文化色彩和地方特色，许多轻工业产品不仅是生产技术的产物，同样在生产过程中还进行了产品设计。产品设计需要尊重不同地区的不同文化背景，在满足消费者的使用需求的同时还要满足其心理和文化需求。正是由于轻工业产品的这一特点，对外转移和直接投资轻工业比对外出口轻工业产品更加符合产业发展需求，因此轻工业的产业转移承接方既包括发达国家，同时也包括发展中国家。第三类产业是高技术产业（电子通信、航天等产业）。高技术产业是新兴产业，需要具备很强的自主创新能力和技术水平，产业具有很高的进入门槛，有很高的资本和技术要求。美国在高技术产业上的发展具备十分明显的比较优势，对外投资较之其他两类有着更快的增长速度。高技术产业的对外转移以发达国家为主，在这些有着更加雄厚资本和更加先进技术的国家和地区投资，互相利用双方的专业的高端人才和先进的技术，产业形成向更高层级发展的趋势，新兴产业逐渐成为国家的支柱性产业，促进产业结构调整、优化和升级。

三　美国产业转移经验借鉴

（一）充分发挥转出地政府的作用

在美国进行对外产业转移和直接投资的过程中，在产业转出地，政府起到了重要的作用，根据其主要内容可分为四个部分：法律保障、财政支持、税收优惠和技术帮助[①]。

在法律保障方面，美国专门制定了相关的法律来维护对外产业转移企业的合法权益和经济利益，为进行产业转移的企业提供了法律层面的帮助和保护。《经济合作法》《共同安全法》等法律的制定完善了相关法律体系，产业转移活动有了法律依据，相关产业的企业在法律的保护下能够保证其产业转移活动高效完成，进一步提高了转移过程的合理性和合法性，对于经济的发展起到正向促进作用。美国还设立了专门的独立机构保证对外直接投资者的合法权益，1971 年成立了海外私人投资公司，独立于其他部门，承担着大部分对外投资活动业务。除了制定相关法律法规之外，美国还通过双边或多边谈判，与外国政府就对外产业转移和直接投资活动进行磋商，签订保护协定来为对外产业转移企业保驾护航，同时借此鼓励本土企业积极对外投资。美国政府通过签订双边或多边投资协议，为美国的企业创造了良好的投资环境，保证其在海外的权益，更好地促进在资本和技术上的交流学习，积累资本、经验和先进技术，提升经济发展水平，促进企业深层次发展。

在财政支持方面，美国政府为企业提供了低利率的资本借贷服务，在一定程度上解决了企业进行对外产业转移和直接投资活动中的资金短缺问题。美国企业的主要资金来源是自身的资本积累和银

---

① 观点引自王海兵《产业转型升级的过程、特征与驱动要素——美国经验与启示》，《河北科技大学学报》（社会科学版）2018 年第 1 期，第 9～16 页。

行及金融机构等的民间资本支持，政府资本所占比重较小，起到补充的作用。为了促进美国出口产品的良好销售，为了提高其国际竞争力，占据国际市场份额，美国进出口银行不以营利为目的，为美国企业的对外产业转移和直接投资活动提供了财政支持。美国进出口银行多年持续亏损，但由于财政部提供大部分资金，因此即使在亏损的经营状况下，进出口银行也不会产生支付危机。除进出口银行之外，美国的海外私人投资公司同样为企业提供贷款，自1971年开始运营以来，一直鼓励美国企业向发展中国家进行产业转移和对外直接投资活动。海外私人投资公司向企业提供特殊的金融服务，例如长期风险担保、追索权有限项目融资等，为企业在海外活动提供更大的支持和更好的服务，且公司所提供的服务均由美国政府以名誉和信用做担保。

在税收优惠方面，美国政府对海外投资实行纳税方面的优惠政策。为了鼓励企业进行对外产业转移和直接投资活动，美国政府在所得税和关税两个方面实行了税收优惠政策。在所得税方面，税收抵免政策要求纳税人依据境外所得的类别所对应的税率抵免所得税款，不区分所得来源地国家。美国为了提升本国企业在产业转移承接方的市场竞争力，尤其是欧洲地区国家，美国对于开展海外业务的本土国家实行延迟纳税政策，在海外所得没有汇回国内之前不征税，这在一定程度上减小了企业的资金压力。政府对于企业还实行税款亏损结算和亏损退回的优惠政策，经营亏损的企业可以少交税款，弥补经营损失。在关税优惠层面，实行"附加价值征税制"的政策，美国政府对一些在国外加工制造后再重新进入本土市场的产品只对国外增加的价值进行征税。

在技术帮助方面，美国为对外产业转移和直接投资的企业提供技术援助，在很大程度上降低了企业前期发展的成本，同时提升了产品的核心竞争力。政府出资创办了对外投资咨询中心以为企业提供信息和技术方面的帮助，主要的措施如下。第一，提供信息服务。

政府为企业提供产业转移承接方和对外投资东道国的相关信息，例如经济发展状况、法律法规制度和生产要素成本等，为企业海外发展提供便利。第二，提供可行性分析服务。相较于国内投资项目的可行性分析，国外项目涉及的内容更多，可行性分析也更复杂。国外投资在考虑资本、市场、技术水平等基本要素的同时，还需要考虑国家政策、汇率波动、文化差异等不可预料的风险。海外投资的可行性分析对于专业水平的要求更高，需要具备分析和预测国外市场的能力，充分了解所处行业的发展状况和前景，对国际环境也有着清晰的认识，因此政府设立专门的机构以为企业提供海外投资的可行性分析。第三，提供投资机会。政府还为企业牵线搭桥，提供投资项目及信息，帮助企业寻求投资机会。

美国政府对产业转移持鼓励和扶持的态度，积极推动企业对外投资，在世界范围内进行生产、经营和销售，促使了一大批跨国公司的形成和发展。这些跨国公司的良好运营也对美国的经济发展起到了正向推动作用，它们充分利用国外资源，大力开拓国外市场，在国际竞争中占有一席之地。

（二）选择合适的转移产业

通过分析美国产业转移历程中对外转移和直接投资的产业选择情况发现，对外转移产业的选择不是一成不变的，而是一个动态的不断发展变化的过程。对于我国转移产业的选择，应该充分借鉴国际的成功经验，并且结合我国经济发展情况，做出适合我国国情和经济实力的科学选择①。

第一，有选择性地转移资源开发型产业。我国的产业转移和对外直接投资仍处在初期发展阶段，发展十分不成熟，所以资源开发产业占的比重较大，这有利于解决经济发达地区存在的生产资源匮

---

①　观点引自杨长湧《美国对外直接投资的历程、经验及对我国的启示》，《经济研究参考》2011 年第 22 期，第 44～51 页。

乏的问题。资源配置问题在很长一段时间内都会制约我国经济的发展，我国虽然资源总量处在世界前列，但是人均资源占有量十分少，大量的生产必需资源缺口需要通过进口来弥补，这一资源问题对我国经济发展起到负向的作用。通过转移资源开发型产业有助于弥补资源短缺问题，实现经济的可持续发展。第二，转移发展边缘产业。当一个产业在国家或者地区的发展已经不占优势时，应当将这种边缘产业转移至具有潜在优势的国家或者地区，充分发挥其比较优势，使产业进行新的升级。我国拥有大量劳动力，服装、食品等轻工业属于劳动密集型产业，在发达地区已经处于市场饱和状态，应当将这些产业转移至拥有低劳动力成本的欠发达地区，以发挥该地区的比较优势，为边缘产业寻求新的出路。通过这种产业在地区间的梯度转移，各个地区均发展其更具有比较优势的产业，促使产业结构调整，实现区域经济的快速且平衡发展。第三，选择产业内关联度强的产业进行转移。应当鼓励具有高关联度的产业进行转移，以带动产品、技术输出，促进产业链升级和产业技术水平提高。例如，家用电器和小型交通设备等制造业的生产技术已经相对成熟，产业内的原材料、零部件生产等流程都具有较高的关联度。这些产业的技术和产品已经逐渐趋于标准化，技术间的差距较小，十分容易在欠发达地区立足，还能够带动产业转移输出方的技术设备和原材料输出，对于产业链的发展有着正向促进作用，促进发达地区和欠发达地区的上下游产业共同发展壮大。

第二节　日本产业转移实践分析

一　日本产业转移历程

继美国之后，日本紧抓第三次科技革命的浪潮，借助其在人力资本上的优势，在美国大量资本和技术帮助的基础上，实现二战后经济快速恢复并且迅猛发展，成为世界产业转移的新高地。日本的产业转移的主要承接地区为亚洲的其他国家，其产业转移不仅使日本经济在二战后得到快速恢复，同时也促进了亚洲地区整体经济的发展[①]。日本经济由于二战的影响受到重创，经济发展停滞不前，二战之后，日本制造业快速崛起，经济飞速发展，并领先于其他国家，成为第二个资本主义强国。归纳其原因，主要有以下三点。第一，积极引进、吸收先进技术。日本积极引进先进的技术成果，消化吸收先进的生产技术，再在此基础上进行再创新。日本这种"引进—消化—吸收—创新"的发展模式大大提升了研发能力，逐渐拥有自主知识产权，提高了产品的核心竞争力，同时日本也随着不断引进技术，逐渐建立了自己的技术体系。第二，政府积极干预引导发展。区别于美国自由的市场化发展，日本政府积极对经济进行干预和引导调控。20 世纪 40~70 年代，日本政府制定适合各个时期发展的详细发展战略和产业政策，还对重要的产业实行战略性政策，提升重点产业的国际竞争力。政府通过财政补贴、减免税收、政府购买等政策干预企业的经营发展，提升经济发展的宏观效应，发挥政府对市场的作用。第三，国际环境促进日本经济发展。二战后，美国为日本提供了大量的资本和技术方面的支持，先进的技术使日本的产业有了飞速发展，国际竞争力快速提升，在国际市场中所占份额也日益增加。日本具有的人力资本优势使其产品在国际市场上更具有竞争力，同时二战后国际市场十分广阔，推动了日本制造业的稳步快速发展。

二战之后，日本在承接美国产业转移的同时，也在对外进行产业转移和直接投资活动，1951 年日本与印度进行有关电缆制造技

---

① 观点引自崔海潮《产业转移、世界制造中心变迁与中国制造业发展研究》，西北大学博士学位论文，2009。

的转移是其对外产业转移和直接投资活动的开端。当时的日本仍处于二战后恢复阶段，迫切需要恢复经济，初期日本以恢复经济为对外投资的主要目的。随着经济逐渐恢复，20世纪50年代后期，日本对外投资的目的发生了变化——通过对外活动获取资源。日本由于地理位置原因，资源比较匮乏，随着经济发展，资源拥有量不能够满足生产需要，需要从国外获取资源。日本通过直接进口和对外投资的方式来获取外部资源，但是随着主要的资源输出国家，尤其是发展中国家资源保护意识提高，资源进口的难度加大，通过产业转移和对外直接投资的方式获取资源更加便利。在这一阶段，日本主要的产业转移和对外直接投资集中在南美洲国家。在20世纪六七十年代，日本的经济水平已经处于世界前列，对外产业转移和直接投资活动随之发生变化，日本将眼光转向了亚洲地区，尤其是东亚地区的发展中国家。与此同时，日本还向中东、非洲等地区进行产业转移，但是投资的经济增长速度和回报率与亚洲国家相比稍有欠缺。日本对于亚洲尤其东亚地区的投资是其对外产业转移活动的承接地区中效果最显著的，日本对于亚洲地区投资的战略也随之越来越重视①。

很多学者认为20世纪60年代中期是日本经济发展和对外投资的一个重要转折点，在此阶段，日本的国际收支由多年的收支赤字转为盈余，1964年首次实现收支盈余，在1965年国际收支盈余就迅速增加到10.49亿美元。与此同时，日本的就业状况也得到了好转，由劳动力严重过剩逐步转变为劳动力短缺，大量失业的情况得到及时的遏制，失业率逐年降低。对于宏观经济发展的两个重要指标——国际收支和国民就业情况，通过观测日本这两个数据的相关情况，不难发现，在20世纪60年代中期，日本的经济得以迅速发展，这

---

① 观点引自李迎旭《日本对亚洲产业转移问题研究》，吉林大学博士学位论文，2012。

在很大程度上可以归功于对外产业转移和直接投资的推动作用。日本政府在此期间对于进行产业转移和对外直接投资的企业实行了许多优惠政策，积极鼓励企业对外扩张，其中一个重要的政策就是1964年设立了海外投资亏损准备金制度，大大提升了企业对外发展的积极性。日本对于东亚的投资在20世纪60年代后期也逐渐走上了正轨，日本加大了对韩国和印尼的投资力度，这一投资战略在当时世界市场上的对外产业转移是一个亮点。在20世纪70年代，日本设立了资源开发投资亏损准备金制度，这为日本企业在海外市场获取资源提供了更大的便利，同时也更好地提高了本土企业对外产业转移的积极程度，减少了对外直接投资的风险[①]。

二　日本产业转移特点分析

（一）产业转移规模特点分析

从日本进行产业转移规模来看，20世纪50年代是日本对外产业转移的起步阶段，投资规模都比较小，50年代后期，日本二战后的经济得以复苏，通过承接美国转移的产业积累了大量的资本和先进的技术，生产能力大幅提升，对外出口额也大量增加。但是随之而来的就是日本的劳动力成本迅速上升，这对纺织、食品等劳动密集型产业的生产带来了不利影响，成本的攀升使其在国际市场上不具有价格优势，国际竞争力明显下降。因此日本的劳动密集型产业积极向外发展，希望通过产业转移获得新的升级，海外投资生产规模随之扩大。20世纪70年代是日本进行对外产业转移和直接投资的快速发展时期，随着第一次石油危机的发生，日本结合本国的经济发展状况和实际国情，及时依据国际发展形势调整了本国的产业布局，逐步恢复在第一次石油危机中受到重创的经济。在20世纪70年代

---

① 观点引自姜大芹《新世纪以来日本国际产业转移及其影响分析》，吉林大学硕士学位论文，2013。

的这十年，日本对外投资的平均增速高达 18.6%，对于亚洲国家的投资迅速增长，比重不断提升，在第一次石油危机的影响下，日本对于亚洲地区其他国家的投资甚至超过了对于北美地区国家的投资，亚洲其他地区一跃成为日本对外产业转移和直接对外投资规模最大的地区。在进入 20 世纪 80 年代，日本对于亚洲其他地区的产业转移规模表现出稳定增长的趋势，但是同时加大了对欧美地区高技术新兴产业的投资力度，为了躲避贸易壁垒，更多地集中于与之相匹配的金融服务的投资方面。在 20 世纪 90 年代，日本对外产业转移规模没有逐渐扩大，反而出现了规模缩小的趋势，其主要原因是该时期日本经济泡沫破灭，日本的经济发展受到了巨大冲击，进入衰退期。在这一阶段内出现的人口老龄化、出口状况不佳等问题都影响了经济的发展，同时金融危机背景下的国际环境也给日本带来了不小的经济压力，故在 20 世纪 90 年代日本的对外投资速度减缓，产业转移规模缩小，将主要的产业转移活动集中于亚洲地区。但是在 20 世纪 90 年代末期，日本国内企业资本流转速度不同，投资能力较以前减弱许多；国内的产业转移承接方也由于金融危机出现经济疲软，需求减少，导致投资环境日益恶化。在国内、国外环境的双重压力之下，日本出口贸易面临很大的阻碍，对外产业转移和直接投资的力度减小。在 2004 年之后，日本对外产业转移和直接投资活动的规模得以回升，但是随着 2008 年金融危机的到来，日本经济再次受到影响，对外投资规模减小，但是在其众多产业转移承接方和对外直接投资东道国中，亚洲地区国家的投资规模减缓程度最弱，并且亚洲地区几度成为日本对外投资规模最大的地区。随着经济全球化的发展，日本经济在金融危机之后缓慢恢复，现如今亚洲地区、北美地区和欧洲地区是日本产业转移和对外直接投资的主要地区。

（二）产业转移区位特点分析

在日本进行产业转移初期，由于产业转移的规模较大，且多以劳动密集型产业为主，故对于产业转移承接方的选择主要为亚洲新兴工业化国家和地区（中国香港、新加坡、中国台湾、韩国）。这些新兴工业化国家和地区经过 20 世纪 50 年代的休养生息，经济得以恢复和发展，已经初步具备了承接日本转移产业的资本和生产力的需求。与此同时，亚洲新兴工业化国家和地区有着经济发展的迫切需求，在生产技术方面的发展遇到了瓶颈，技术水平与经济发展需求不相匹配，工业起步较晚，虽然已经具有一定规模，但是其基础与发达国家和地区相比仍旧十分薄弱，急需引进先进的技术和丰厚的资本。这些国家和地区在 20 世纪 60 年代都在一定程度上存在"储蓄—投资"的缺口，在这样的经济发展状况下，政府依据实际情况和国际经济环境，及时确立适合发展的战略和政策，实行新的引进资金的方式，例如韩国主要采用借款的方式，新加坡和中国香港积极引进对外直接投资，而中国台湾则采用了两种方式相结合的方式来为工业的发展积累资本。随着亚洲其他发展中国家和地区的经济发展和开放政策的实行，日本产业转移的承接方在亚洲新兴工业化国家和地区的基础上，还扩展至东盟的一部分国家（泰国、马来西亚、印度尼西亚和菲律宾）。东盟部分发展中国家的纺织产业已经初具规模，由原始的进口向出口产业转变，其低廉的劳动力以及广阔和极具潜力的市场吸引日本产业。与此同时，由于亚洲新兴工业化国家和地区因在 20 世纪 50 年代承接日本产业转移，积累了大量的资本，劳动密集型产业有了快速的发展。故这些新兴工业化国家和地区为了更加低廉的劳动力和拓展新的市场，将纺织、食品等劳动密集型产业向东盟部分国家转移，东盟国家成为日本产业转移承接方中极其重要的一部分。在 20 世纪 80 年代，中国处于改革开放初期，积极引进外资，吸引国外企业在华投资，日本对外产业转移向中国扩展，但是从整体来看，转移规模比较小，对外产业转移和直接投资活动仍处于试探阶段，集中在中小规模的投资活动方面。

但是在 20 世纪 90 年代，中国改革开放政策已经初具效果，日本对华投资不只局限于小规模的试探，而是在中国廉价劳动力和丰富资源的吸引下，加大了对中国的产业转移和对外直接投资力度。在 21 世纪初期，日本对中国的投资规模超过了其原始的产业转移主要承接国（亚洲新兴工业化国家和东盟部分国家），中国成为日本在亚洲地区投资规模最大的国家①。

（三）转移产业特点分析

在 20 世纪 50 年代，日本对亚洲新兴工业化国家进行转移的产业主要是劳动密集型产业。二战期间，日本为了满足其战争需求，纺织产业得以快速发展，纺织产业生产额在制造业中占 1/3。在二战结束之后，日本的工业基础在战争中受到严重的破坏，"贸易立国"的战后恢复发展战略使纺织业在当时成为其主要的出口产业，纺织业得到了进一步的发展。但是与此同时，日本的劳动力价格不断提高，日本以纺织业为主的一些劳动密集型产业积极寻求海外廉价劳动力，将产业逐步转移至拥有大量廉价劳动力的亚洲新兴工业化国家。随着日本经济的发展，在 20 世纪 70 年代日本向外进行转移的产业不仅局限于劳动密集型产业，部分资本密集型产业也向外转移，以寻求更进一步的发展。在第一次石油危机中，日本的重工业发展受到了很大的冲击，国际环境和国内环境的双重压力使日本不得不再次进行产业结构调整，将发展的重点集中于技术密集型产业，提升本国的生产技术水平，研发具有自主知识产权的产品，同时将部分资本密集型产业转移至新兴工业化国家。同时亚洲新兴工业化国家在 20 世纪 60 年代经济发展的同时，也面临国内劳动力成本快速攀升和欧美国家的出口限制政策等问题，需要进行产业结构调整。在这种经济发展背景下，亚洲新兴工业化国家一方面积极承接来自

---

① 观点引自王爽《日本对外投资新趋势及对我国的影响》，《东岳论丛》2011 年第 2 期，第 146～150 页。

日本的资本密集型产业，另一方面将已经在国内不占优势的劳动密集型产业转移至东盟部分发展中国家。在 20 世纪 80 年代，日本是经济发展水平仅次于美国的资本主义国家，与美国在高技术产业的竞争日益激烈，日本集中资本和人才发展新兴产业，在将资本密集型产业和劳动密集型产业向外转移的同时，也将汽车、电子等技术密集型产业向亚洲的发展中国家进行转移。随着经济的进一步发展，20 世纪 90 年代日本对外转移产业的种类越来越多样，对于资本密集型产业和技术密集型产业的投资也向着高水平、高技术的方向发展。

三 日本产业转移经验借鉴

（一）搭建上下游产业链

越来越具体化的国际分工致使国际产业转移越来越细化，整个亚洲的产业转移模式也由原始的整体转移向产业内的个别部门或者产业链的个别环节转移的方向发展。日本的产业转移活动是亚洲地区产业转移的重要组成部分，亚洲的产业转移归根结底是在日本的产业重构和产业升级的基础上进行的。产业转移对日本经济起到了直接的推动作用，但同时也带来了产业空心化、国内投资减少、失业率提升等一系列负面影响。日本出于地理位置的原因将产业转移活动的重心放在了亚洲地区的其他国家，产业承接国的要素成本、市场规模和产业结构等因素都影响日本对其转移产业的规模和种类。从宏观因素考虑，日本本国匮乏的资源以及较小的市场促进了其向外进行产业转移，以寻求更加丰富低廉的生产资源和更加广阔有潜力的市场，同时日本政府制定了相对宽松的法律法规政策，鼓励企业积极对外投资，为企业的海外投资活动提供保障。与此同时，激烈的国际竞争促使日本不得不进行产业结构升级，优化产业结构，提升其产品在国际市场的竞争力，以在国际市场上占据一席之地，通过海外的经济发展进而促进国内经济的快速发展。对于转移产业的选择应当以能够带动国内经济发展和产业结构调整的产业为主，提升生产技术水平和劳动生产率。

我国目前的对外贸易仍旧以代加工为主，出口产品不具有技术优势，在国际市场上竞争力不足，故我国可以通过搭建上下游发展的生产体系，完善整个产业链以使整个上下游企业共同向着健康的方向发展。产业转移活动在考虑产业本身发展的同时，也要考虑其转移活动给国家和地区经济带来的影响，产业转移活动不能以牺牲转出地的利益为代价来进行，这类产业转移活动给产业转出地带来了一系列的负向影响，这样的经济活动是不具备价值的，只有产业转移活动在促进承接方经济发展的同时也能够给转出地带来正向影响才是具有经济价值的活动，这种正向影响越大，产业转移活动就越有价值。产业转移活动的价值不取决于企业规模，而取决于一个地区或是企业对于转移产业的选择，只有在结合实际情况的基础上，才能够合理选择转移产业种类，使产业转移企业通过该经济活动获取利润，进而带动整个宏观经济发展。

（二）提升技术创新能力

中国目前是亚洲产业转移中极其重要的一部分，我国所具备的优势与亚洲其他发展中国家不尽相同。在一定程度上在引进日本产业上存在竞争，对于我国目前在吸引外资竞争中所处的位置的深刻认识有助于我国相关政策的制定和提升我国经济发展水平。日本对中国进行的产业转移活动增强了中国相关产业的国际竞争力，同时提升了我国在东亚地区的经济地位。承接产业转移可以进一步优化地区间产业分工体系。我国产业结构政策的制定充分考虑产业结构的布局合理性以及长期的均衡发展问题，推动产业结构更加合理化。产业结构优化升级的首要条件是产业结构布局合理，不同地区间存在经济水平、生产要素、地理环境等方面的差异，产业结构布局应依照地区的实际发展情况制定相对应的政策，充分发挥比较优势。

优化地区间的产业分工格局，能够提升落后地区的经济水平，促进区域乃至全国的经济快速发展。在承接转移产业时，在积累资本的同时也要积极引进先进技术，对其消化、吸收再创新，研发具有自主知识产权的产品，提升其核心竞争力，抢占国际市场。在引进技术的同时也要发挥创新要素对高新技术产业的推动作用，提升技术实体产业化的效率，建立良好的创新要素传导转化机制，将创新要素与高新技术紧密地结合在一起，在创新链和产业链的融合上发挥促进作用，提升高新技术产业的自主创新水平，积极研发具有自主知识产权的产品，增强整个产业的国际竞争力。高新技术产业的良好发展带来的经济收益能够为其提供更为良好的发展条件及环境，同时降低创新要素的生产及流动成本，这就会进一步促进发展，从而形成一个良性循环。随着产业的发展，应当提升创新要素对于传统产业的改造升级的促进作用，实现传统产业逐步向自主研发制造等更加高端的产业的跨越，有利于产业的转型升级，对产业结构的优化调整起到推动作用。

（三）完善承接产业转移的基础条件

综观日本产业转移的发展历程，其战后经济恢复初期在很大程度上是依靠承接美国的产业转移，积累经济发展所需要的资本和技术，故日本承接转移产业的经验也对我国产业转移的发展有着重要意义。较为完善的基础设施、优化产业承接模式、推动跨区域合作是承接转移产业的基础条件①。

在基础设施建设方面，产业转移承接方应当加快对交通、能源、通信等方面的建设以及促进相关产业的发展，为承接产业转移提供必要的基础条件。对于产业承接方来讲，完善的综合交通运输体系对于产业的发展至关重要。交通设施的建设需要在政府的支持下进

---

① 观点引自李雨珂《走具有中国特色的产业升级之路——日本产业结构升级对我国的启示》，《中国市场》2011 年第 10 期，第 139～140、142 页。

行合理规划，搭建铁路、公路、水运交通大通道，提升交通路网的质量和密度，增强交通网络向周围地区的辐射能力，推动运输网对本地经济发展，尤其是第三产业的带动作用。政府要不断完善当地的运输综合系统，增强地方运输承载能力，积极培育和发展各种运输方式，同时正向引导不同种运输方式的竞争和合作，使各种运输方式在竞争中提升服务水平，在合作中补充劣势，进一步使当地的运输市场向统一有序的方向发展。产业承接方的能源结构问题也是基础设施建设的一个重要部分，能源的开发和建设要始终遵循因地制宜的方针政策，同时积极发展太阳能、风能等绿色能源，优化能源结构，实现能源均衡且环保的发展。对能源结构的调整，不仅有利于企业提高能源利用率，也有助于保护生态环境，在经济发展的同时也能够保护能源。当今社会是信息发展的社会，产业转移承接方的通信条件也至关重要。当地需要加强信息基础设施建设，促进信息相关产业发展，在发展高技术产业的同时还要加大信息技术对于传统产业的改革和升级力度。

在优化产业承接模式方面，产业转移承接方只有快速有效地吸纳转移产业，才能够通过接受产业转移实现其产业结构的优化升级。若产业转入地区不能够迅速实现承接模式的转变，就不能够促进产业结构向合理化和高度化的方向发展，甚至会影响到当地原有产业的发展，进而反向影响当地经济发展，故优化产业承接模式主要有以下三种方式。第一，调整产业的组织结构。产业转移承接方应当把产业结构调整的主要目标放在产业发展上，积极吸引国内大中型企业以及跨国公司的投资，为本地产业发展寻求丰富的资本、成熟的管理方式和先进的技术等，其在规模、技术水平、市场营销等方面具有良好的竞争力，提高其产品的市场占有率。第二，提高转移产业的技术水平。政府应当积极鼓励企业的技术开发项目，从政策上促进企业技术进步，促进产学研一体化发展，在高校和企业之间建立良好的枢纽，促进科研成果市场化，同时弥补企业在科研能力方面的欠缺。在引进产业上，适当减少劳动密集型产业的引进，将引进目标放在技术性产业上，加大对信息技术建设和高技术产业的扶持力度。第三，走"先引进再消化吸收后提高"的发展之路。企业进行产业转移的主要目的是获取低廉的生产成本、丰富的资源以及更加广阔的市场。转移企业控制着研究开发、关键技术和品牌等的核心内容，在产业转移的过程中，中西部地区往往接触不到企业的核心内容，这样对其经济的长远发展产生了不利影响。因此在承接产业转移的过程中，中西部地区应该在引进先进技术之后，积极消化吸收然后进行再创新，进一步提高自主创新能力，促进经济发展，最终形成一个良性的循环。中西部地区应当尽快将引进的先进核心技术本土化，学习东部地区企业先进的管理、市场经营经验，确保产业和经济健康可持续发展。

（四）构建区域间合作机制

日本在进行产业转移的同时，搭建了一个贯通亚洲国家的有效的区域联动机制，这对我国区域平衡充分发展有着重要的借鉴意义。在进一步加快我国产业转移时，应当积极推动跨区域合作，建立一个贯通各省份的合作机制，主要从以下几个方面入手。第一，建立经济发展联盟。为促进各个地区经济的协调发展要建立经济发展联盟，建立高层次、全方位的组织平台，推动地区间的产业经济高效合作。推动跨地区的企业集团共同组建企业间联盟，协调经济发展规划并解决经济策略实施过程中存在的问题。加强地区间产业的合作互补和互惠互赢，加强产业、项目以及资源在地区间的联系，进而提高各个地区经济发展和创新的能力。区域间应当积极搭建信息共享平台，积极促进信息交流，在交流中获取有利的资讯，促进区域间信息共享，减缓现如今存在的信息不对称现象，同时区域间可以深度探讨有关经济发展的重要问题，为区域的发展提供不同层级的支持和帮助。第二，完善地区间的利益协调机制。在产业转移过程中，各个地区为了追求利益最大化会存在博弈行为，为了避免可能出现的恶性竞争问题，应当完善地区间的利益协调机制。加强各个地区间有关机构、政府和企业之间的良性沟通和合作，充分发挥各地区的比较优势，促进跨区域的合理分工、协调发展、互利共赢，依据不同地区的能力及其具备的优势，合理进行产业转移，促进产业集聚和规模经济发展，降低生产成本和交易成本，提高企业的经营利润。各地区应当积极拓宽合作领域，深度挖掘自身具备的比较优势，在激烈的竞争中寻求区域间合作的机会，在合作中不断发展，在各区域间形成竞争、合作、共赢、发展的良性循环，共同促进区域经济平衡充分发展。第三，促进要素在区域间的自由流动。资源是经济发展的一个重要因素，我国现如今资源配置存在不合理的问题，资源向发达地区倾斜，应当加快要素在各个区域间的流动，完善要素市场的融通机制。完善和建设区域间产品、资本、技术、信息、人才等重要生产要素的流通渠道，着力于产业资源的配置优化，在区域间形成开放流通的要素市场，这有利于形成竞争有序、结构合理的要素大市场。第四，完善地区政府间的合作机制。产业由发达地区向欠发达地区进行转移，应当加强欠发达地区与东部地区的合作交流，共同促进经济发展，在资源和信息上实现互补和共享。为了能够实现地区间的互利共赢，应当遵循市场规律，充分发挥政府的引导作用，正确发挥财政政策和税收政策的作用，做好区域间合作的规划和组织工作，积极促成和开展贸易往来和技术学习交流活动，完善区域间的交通运输网络，加强环境、能源、通信等基础设施和生活设施的建设，实现跨区域的合作和发展。

第八章
构建有效的区域经济平衡发展新机制

第一节　新机制的内涵与特征

我国自改革开放以来一直坚守"效率优先，兼顾公平"的资源配置模式，在该模式的运行下，虽然中国在技术创新层面竿头直上，但部分较发达地区开始显现严重创新极化的弊病，与此同时，落后地区也逐步出现创新资源空心化趋势。这主要归因于，首先，发达地区伴随各类创新资源的延续净输入，逐渐形成稳固的价值链、产业链以及综合、高效的创新资源配置力。同时，使高级要素在市场机制这只"看不见的手"的作用下不断脱离落后地区。其次，创新资源的持续逃离所造成的技术势差不断扩大，严重制约了落后地区产业技术的承接力，极大削弱了创新极化区域的扩散力。最后，未因创新资源净流出而得到对称性政策补偿的落后地区在贫困恶性循环机制的作用下，创新资源的空心化被再次加固，我国区域经济非平衡、非充分发展趋势进一步深化。

我国"珠三角""长三角""京津冀"等经济圈的繁荣发展验证了梯度转移理论的成立，但经济圈的扩散效果微乎其微，扩散力度极弱，折射出我国创新资源平衡机制的失灵。前文已得出，在传统资源配置理论（即梯度转移理论）的作用下，我国区域创新资源的平衡状态无法达到。同时，创新资源输出地的空心化趋势将持续给低梯度地区（即落后地区）带来严峻的负面效应，新平衡机制的构建迫在眉睫。那么，借助区域经济平衡充分发展新机制的建立以实现资源的共享及人才、技术等高级要素由高至低的扩散，同时助力落后地区实施产业承接，对削弱我国梯度间的经济差距，实现区域经济平衡充分发展起到举足轻重的作用。传统资源配置理论的失效与新平衡机制构建的必要性框架见图8.1。

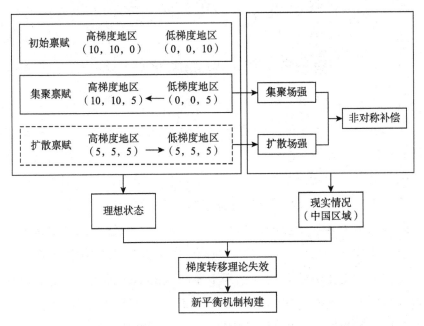

图8.1 传统资源配置理论的失效与新平衡机制构建的必要性框架

充分刺激高梯度地区（即发达地区）创新资源扩散力的不断释放是区域经济平衡充分发展新机制建立的本源。这就需要设计适宜、合理的区域对称性补偿机制，促使我国发达区域形成并发挥良性的"极化涓滴"效应，陆续普惠低梯度地区（即落后地区）。基于此，新平衡机制可理解为使创新资源的扩散效应与集聚效应产生对称影响，由此来缓解我国创新资源净输出地空心化的困境。市场机制是进行资源配置的基础路径，在不违反市场机制的基础之上，科学的市场机制是实现创新资源均衡分配的重要保障。与此同时，为创新资源输出地设计量体裁衣式的政策性补偿机制是我国实现区域平衡协调发展的重要条件。因此，本章在传统资源配置模式弊病的基础上，紧紧围绕"对称性补偿"特征，构建了有效的区域经济平衡充分发展新机制①。

第二节　新机制的构建逻辑

我国幅员辽阔，各地经济技术水平和社会发展基础差异颇大，区域发展的不平衡与不充分始终是我国经济发展所面对的核心、重大问题。对我国创新资源进行合理搭配与有效整合，能使我国在稀缺资源的制约下，充分释放高级要素禀赋所埋藏的潜能，极大提升经济的运行效率。因此，我国落后地区亟待被给予更优质、更丰厚的创新资源，并合理展开优化配置，以完成经济的跨越式发展与追赶，最终达到区域经济平衡充分发展的目标。

区域经济平衡充分发展新机制的构建核心，一方面体现在，全力提升我国高梯度地区创新资源的扩散效应，实现创新资源的合理转移；另一方面体现在，增强低梯度地区（即落后地区）的创新承接力，增强落后地区创新资源的吸收效力。在上述逻辑的指导下，新平衡机制的构建还需紧密环绕"对称性补偿"的特征，基于宏观层面、产业层面与政策层面——展开设计（如图8.2所示）。

具体而言，在宏观层面，可以进行跳跃式梯度转移机制构建，

① 观点引自靳来群、胡善成、张伯超《中国创新资源结构性错配程度研究》，《科学学研究》2019年第3期，第545～555页。

即打破创新资源的临近式扩散，使创新型高级要素有选择地流向软、硬环境颇为完备的落后地区；在产业层面，形成产业关联梯度转移机制，即落后地区借助自身比较优势衔接上游产业链及价值链，拉动外部优良产业由高梯度区域实现向低梯度区域的转移，进而吸引创新资源向落后地区集聚；在政策层面，创建创新资源配置的现代化长效机制，即创建衡量区域创新资源的评价体系，在此基础上制定创新资源发展的风险识别与应对预案，以便及时将相关风险扼杀在摇篮中，最后健全创新资源区域协调发展工作推进机制。

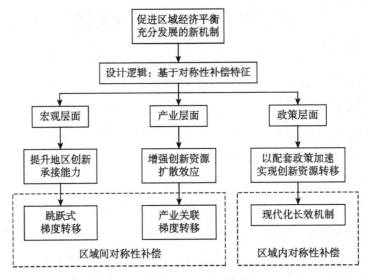

图 8.2　新机制的构建框架

第三节　新机制的构建

一　形成跳跃式梯度转移机制，逐步提升产业创新水平

打破创新资源的临近式扩散是跳跃式梯度转移的核心，这能使创新型高级要素有选择地流向软、硬环境颇为完备的落后地区，即

技术创新的扩散形式由起先的附近式升级为同心圆式，使历来看重创新活动且技术环境建设处于上游的落后地区被首先辐射到，此时这些地区就被赋予了承接外部前沿技术的重要创新与采纳能力。基于跳跃式梯度转移机制，处于相同创新级别的区域均能受到高梯度区域创新极化效应的扩散作用的影响，技术创新的高级要素会不断冲破地缘束缚，循序渐进地形成跨地区的跳跃式传输。跳跃式梯度转移相比临近式扩散，将大幅提高落后地区的创新资源配置效率①。

由后发优势理论可知，借助技术创新是我国高梯度地区实现经济与技术突破式增长的关键。同时，我国落后地区实现经济追赶的途径也有若干种，其中之一为效仿高梯度地区。为使我国高梯度地区的扩散效应得以充分发挥，顺利实现创新资源的反补与回流，低梯度地区可借助效仿方式或汲取经验等途径逐渐拉近与高梯度地区的技术及经济差距。众所周知，优厚、完备的软硬件环境是技术创新扩散效应得到大幅度释放的关键条件，因此，低梯度地区想跳跃式承接转移产业，则需要一个较漫长的自我提升过程。

国内外区域经济平衡充分发展的经验显示，凡是具有竞争优势和充满活力与生机的区域性产业均不存在独立发展与壮大的典型事实，健全与完备的产业配套体系是优势产业不断发展的强力支撑。具备产业间的相互协作与配套综合能力不是一蹴而就的，它是区域经济综合竞争力的显示。因此，落后地区的政府部门有必要长期致力于产业的协作与配套能力的培养。具体而言，首先，落后地区应将该能力的培养作为当地经济发展的规划之一，重点加强配套产业的技术创新与改造。其次，还应因势利导且量体裁衣甄选拥有相对配套条件的产业入驻，落后地区在现有基础条件下做强主业及相关配套产业。最后，就高层次人才和尖端技术相对匮乏且亟待培育和

---

① 观点引自李传松《产业转移视角下的区域协调发展机制与对策研究》，中共中央党校博士学位论文，2018。

发展的产业而言，落后地区应采取依托工业技术园区的模式引入产业链，以迅速提升产业的配套与协作能力。与此同时，相关行业协会等中介服务机构长期"游走"在企业与市场之中，它们对企业与市场的渴求及问题一清二楚，应充分发挥中介服务机构的协调与推动作用。

因此，落后地区自身应倾力完善和提升软硬环境与技术创新的承接能力，同时我国应给予落后地区创新资源输入地对应的优惠政策，破除落后地区创新资源空心化的恶性循环，对我国区域创新扩散效应与极化效应的非对称作用进行适当弥补[①]。

二　形成产业关联梯度转移机制，实现创新资源回流

形成产业关联梯度转移机制，加快落后地区"退二进三"的进程，实现创新资源的回流。产业关联梯度转移可解释为，落后地区借助自身比较优势衔接上游产业链及价值链，拉动外部优良产业由高梯度区域实现向低梯度区域的转移，进而吸引创新资源向落后地区集聚。例如，落后地区可借助其低廉的劳动力、独特的自然资源、更加优惠的税收及招商引资政策等比较优势，与高梯度地区形成一定的产业关联，双方构建特色鲜明的产业型衔接模式，从而逐渐发展"产业技术反补与创新资源回流"的区域互动格局，即引导创新资源向落后地区传输，继而在落后地区形成上游产业链和价值链的有效衔接。另外，还应尤其突出特色产业链的招商引资，吸引关联机构、龙头企业及优势配套中小企业一并"抱团"迁移。

一方面，落后地区在产业价值链整合层面实力单薄，特别是现代化、信息化、城镇化、智能化程度偏低，这有碍于产业关联梯度转移机制的实施。基于此，落后地区需利用当前产业的"互联网＋"

---

① 观点引自郭丽《区域后发优势实现机制研究》，吉林大学博士学位论文，2008。

特点来助力关联产业价值链的深层次融合与整合。同时，落后地区应围绕产业价值链整合，积极开展"互联网＋"计划，着力促进新型城镇化进程以及相关企业的战略重组，为顺利承接产业关联梯度转移做好充足的准备。

另一方面，还可以借助国家对落后地区相关政策及战略的倾斜，如西部大开发战略、中部崛起计划等，发挥本地产业集群的优势，实施"退二进三"政策，有计划地令城区内部的第二产业转移出去，使大部分的耗能性工业企业向城市边缘迁移，在促进城市边缘地带工业化发展的同时，为城市打造优越的投资环境。落后地区还应积极提高招商引资的强度，将技术与知识密集型的高附加值产业引入城区内部，以调整落后地区的经济增长支柱，使其从依赖第二产业增长转移至三次产业协同增长，与此同时，创新技术、资金、高层次人才等要素可借助产业关联形成跨区域转移，从而实现创新资源的回流与反补。

三　创建创新资源配置的现代化长效机制

（一）创建衡量创新资源的评价体系

落后地区根据差异化的自然禀赋、产业基础、经济环境等特征，有针对性地制定区域创新资源的评价指标体系，涵盖创新活动投入、创新活动产出、创新研发能力、科技成果转化能力、创新支撑能力、区域研发强度、发明专利数量、R&D 人员占比等与创新相关的核心指标。指标体系构建后，研究人员定期根据落后地区的实际情况合理做出动态化调整。创建创新资源区域协调发展的指标评价体系，科学对落后地区的创新资源配置状态进行准确把握，实时跟踪并分析创新资源的发展趋势。研究人员可基于指标体系的评价结果，将我国落后地区按创新资源的配置情况进行等级划分，目的是活化落后地区的政策单元，进而明晰国家帮扶创新资源空心化的基准线，为健全创新资源空心化的区域政策提供可靠的科学基础。

（二） 制定创新资源发展的风险识别与应对预案

落后地区应针对差异化的省份特色以及经济特性，积极探寻创建能客观反映区域创新资源发展趋势的风险预警机制及应对预案。准确及时地针对落后地区差异化的创新资源空心化发展趋势展开预估，借助细化的指标将落后地区潜伏的创新资源空心化风险反映或暴露出来。对创新资源空心化风险做到早预警、早发觉、早应对，未雨绸缪，争取做到将危险关口前移，防微杜渐以防止空心化矛盾不断累积。与此同时，对创新资源空心化问题较为突出的地区进行风险辨别与持续跟踪，及时制定多情景下的应对预案，一旦区域空心化触及临界值就即刻执行对应方案[①]。

（三） 健全创新资源区域协调发展工作推进机制

落后地区迫切需要以市场机制为基石，以竞合机制、利益平衡机制、互助机制为支持，遵循市场在资源配置中"看不见的手"的决定作用，倾力调动政府这只"看得见的手"的总体作用，使落后地区市场这只"看不见的手"和政府这只"看得见的手"有机联合，互补前进，共同促进落后地区创新资源的集聚发展与良性进步。

基于此，本书认为完善创新资源区域协调发展的工作促进机制可借助以下途径全方位、多层次地实施。其一，进一步完善落后地区市场的一体化机制。落后地区由于商业环境、地理位置等各种因素的束缚，长期处于封闭、半封闭的状态，因此，落后地区想破除创新资源空心化的难题首先要更好地实现高级要素的自由流动以及商品的平等交换。落后地区要主动破除行业垄断及地区封锁，积极维护市场的公平竞争秩序，全力削减当地政府等相关部门对市场的

---

① 观点引自夏旺、魏君英《湖北省区域经济差异及平衡路径实证分析》，《合作经济与科技》2018 年第 24 期，第 44～45 页。

不恰当干涉行为，鼓励创新要素在区域间的流动，合理、有序地指引落后地区产业承接转移，最大限度地优化创新资源的配置体系。其二，创新与落后地区的合作模式。落后地区应借鉴发达区域的合作经验，有序创立区域性的各类社会组织，搭建并完善落后地区的网络合作服务体系，并以此为依托创建宽领域、多层次的区域合作网络平台，例如构建区域创新资源、技术资源、高端人才资源的共享网络平台。同时，激励发达与落后地区联合发展"飞地经济"，以实现经济落差较大区域间的创新资源互补。其三，完善落后地区的互助机制。相关部门应积极鼓励发达地区秉持互利双赢、优势互补的原则，借助对口合作、对口扶持、对口援助的途径一对一帮扶落后地区，提升落后地区的创新发展能力。另外，完善对口两地的创新发展与协作模式，构建双方良性互动的长足发展格局①。其四，健全区际利益平衡机制。各地区应遵循"谁受益、谁补偿"的核心准则，进一步推进不同区域间的横向生态补偿机制的完善。同时，优化区域间能源矿产等稀缺资源转入地与转出地的利益平衡机制，锐意探寻并创建碳排放权、排污权等资源权属交易机制。

基于宏观层面、产业层面以及政策层面有针对性地构建区域经济平衡充分发展新机制，在新机制的引导下促进我国地区间创新资源的优化配置，实现区域经济平衡充分发展。

---

① 观点引自侯高岚《后发优势理论分析与经济赶超战略研究》，中国社会科学院研究生院博士学位论文，2003。

第九章
区域经济平衡发展的实现路径

党的十九大报告中提出，我国社会的主要矛盾已经转化为人民日益增长的美好生活需要和不平衡不充分的发展之间的矛盾。区域经济发展的不平衡与不充分问题已成为现阶段经济工作的重点。本书认为，在遵循适度倾斜与区域补偿原则、公平竞争与优势互补原则、绝对优势与相对优势原则、经济增长与环境保护原则的前提下，应分别从宏观层面、产业层面、微观层面出发，逐步攻破现阶段我国社会的主要矛盾。与此同时，政府对区域平衡充分发展的政策保障作用不可或缺。区域经济平衡充分发展的路径构建示意见图9.1。

第一节 区域经济平衡充分发展的原则

一 适度倾斜与区域补偿原则

我国区域经济的发展历程显示，我国通常对重点区域或区域的主导型产业以及支柱型产业容易产生一定的倾向性。适度倾斜原则要求相关部门妥善协调非重点区域与重点区域、支柱型产业与战略性新兴产业之间的关系，前瞻性地做好重点区域在地域上的有序转移以及时序上的有机衔接。与此同时，也应尽量防止区域经济差异的再次扩大。若政策不可回避地需要向发达地区倾斜，应在政策帮扶以及创新资源分配层面积极加大对落后地区的补偿力度，逐渐完善区域间补偿性政策体系。

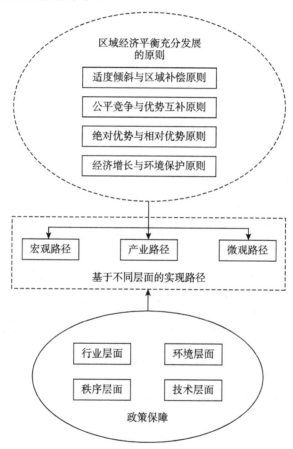

图 9.1　区域经济平衡充分发展的路径构建示意

二　公平竞争与优势互补原则

公平是市场经济顺利运行的重要保障，伴随中国市场机制的确立与完善，我国不同区域间公平竞争的大环境已基本形成。但市场的不完全性就要求政府部门出手，为经济的增长营造公平竞争的外部环境，令区域间的资源禀赋都能得以发挥到最佳状态。各区域在优势互补中推动相互间的合作与共赢，在相互合作中带动要素禀赋的充分流动，相互间吸纳自身较为稀缺的要素，以弥合自身区域经济发展缺陷，逐步缩小区域间的经济差距。

三　绝对优势与相对优势原则

在区域经济发展过程中，相对发达的区域应充分利用其特殊优势，率先实现区域经济腾飞；而相对落后区域在优势不明显的前提下，需积极挖掘并发挥自身的比较优势，使其自身的发展达到最优水平。一方面，落后地区应因地制宜对区域禀赋展开深入挖掘与判断，准确把握其在生产成本上占据比较优势的产业，并进一步确认其相较于临近区域或发达地区的优势。理性甄别能够充分发挥落后地区的比较优势，同时又重视对其综合竞争力或要素配置效率兼具提升作用的产业。另一方面，落后地区应时刻把握并关注比较优势的动态性，为实现区域经济的跨越式发展寻找新的突破点。具体而言，落后地区应关注产业在发展中的技术溢出、人力资源提升、资本存留等方面的效应。基于比较优势的动态性，对产业分工展开更精确的定位，以实现区域经济的跨越式进步。

四　经济增长与环境保护原则

经济增长与环境保护已成为众所瞩目的议题，我国粗放式的经济增长模式已导致生态与环境的逐渐恶化。此种以环境的牺牲为代价来追求经济迅猛发展的粗放式模式在当前部分落后地区依旧盛行。因此，我国一定要坚持经济建设与环境保护同步发展、同步规划、同步实施的协调路径，推动经济增长模式从消耗型与数量型转向效率型与高质量型[①]。

---

①　观点引自陈蕊《区域产业梯度转移调控研究》，合肥工业大学博士学位论文，2008。

第二节　基于不同层面的实现路径

一　宏观路径：因地制宜推进四大板块的平衡充分发展

我国从东至西的"四大板块"分别为：东部地区、西部地区、中部地区、东北地区。我国政府于 20 世纪末开始，陆续制定了西部大开发战略、中部崛起计划以及东北振兴战略等区域协调发展战略，相关战略的实施切实促进了各个区域间经济的协调发展，起到了缩小区域经济差距的积极作用。但区域发展战略所囊括的范围较大，始终没有在各自区域上形成板块化的特色，这致使战略的实施效果不佳，落后地区的创新资源空心化现象未得到有效缓解。

基于此，本节认为目前在明晰板块发展所面临的机遇和挑战的前提下，应因地制宜地促进四大板块的平衡充分发展，优化创新资源的合理配置。

（一）强化举措推进西部大开发形成新格局

相关部门应着眼于基础设施完善、战略性新兴产业协同发展、新型城镇化建设、生态环境修复与保护等关键点，通过强化意识、推进举措促使西部大开发形成新格局。其一，在基础设施完善方面，进一步推进一批重点工程建设，完善对内陆骨干通道、跨境运输通道、海陆跨境光缆、海关口岸等关键性基础设施的建设。其二，在战略性新兴产业协同发展方面，推动重点、重大项目在西部地区的战略布局。结合西部实际需求，细化和完善差别化产业政策，加快现代服务业、先进制造业的培育和发展。深入推进依托资源、能源等传统产业的优势延伸、转型升级、可持续发展。其三，在新型城镇化建设方面，加快推进农业转移人口市民化这一新型城镇化建设道路中的首要任务，持续完善、深化核心城市与三线、四线城市间的基础设施互联互通（包括铁路、高速公路、大桥、港口、电站、通信设施等）建设、社会事业共建共享工作开展，积极培育和发展新生中小城市，深入推进经济发达镇行政管理体制改革，引领带动特色小镇的规划与可持续发展。其四，在生态环境修复与保护方面，讨论退耕还林、退耕还草的总体解决方案并扩大工程规模，努力推进退牧还草工程建设，力争实现多元化、市场化的生态补偿机制，加大生态补偿横向转移支付力度。借助以上途径大力推动西部大开发形成新格局，以吸引更多高级要素集聚，从而化解西部地区创新资源空心化的弊病。

（二）深化改革加快东北老工业基地振兴

要实现东北老工业基地的全面振兴，必须将全面深化改革、扩大开放作为治本之策，坚决破除体制机制障碍，探索出与市场完全对接、充满内在活力的体制与机制，全面推进东北地区与东部地区对口合作工作。加快政府职能转变，提高政府效能，全面提高政府服务水平，深化老工业区开放，开展东北地区投资营商环境优化专项计划和"信用东北"体系建设。深化国有企业改革，奋力推进国有企业综合改革试点。营造良好的民营经济发展环境，毫不动摇地支持民营经济发展，使其释放出更强大的市场活力，努力打造民营经济发展改革示范区域，总结并实施发达区域的典型经验与做法。以创新为支点引领东北地区产业转型升级与新旧动能转换，拓展新途径，聚力新工业，培育新动能，提出东北振兴重大创新工程，推进新一轮东北振兴重大项目，引导创新资源在不同企业及部门间合理配置[①]。设立老工业基地产业转型升级示范区，激发老工业地区焕发新的生机与活力。

---

① 观点引自孟祥林《区域经济发展不平衡：一般分析与对策研究》，《经济体制改革》2005 年第 2 期，第 106～110 页。

（三）　发挥优势推动中部地区崛起

就中部地区而言，应发挥中部地区的产业竞争优势，有计划地推进先进智能制造业基地或园区的建设与升级。中部地区应依托产业平台承接发达地区的产业转移，以吸引创新技术和高层次人才的流入。同时，该地区应善于借助其良好的区位优势，积极打造并完善中部地区的物流体系及网络交通枢纽，不断提高中部地区交通纽带的地位。同时，中部地区要积极凭借城市群的独特优势，围绕创新资源空心化矛盾，不断培育并壮大中原城市群、长江中游城市群、皖江城市带，借此打造中部地区的区域增长极，提升区域发展质量，优化创新资源配置。

（四）　创新引领率先推动东部地区优化发展

我国东部地区历经多年的发展，边际产业（即将处于比较劣势的产业）主要为劳动密集型产业，但该产业并未出现学者所预料的情形，即产业没有实现规模化地转入自然禀赋相对富有且土地、劳动力相对低廉的中西部区域。从东部地区自身来看，体现在东部地区的高速增长主要依赖资金高投入以及能源高消耗的传统粗放式的发展模式，其创新要素的投入对东部地区经济增长的贡献力度尚不显著。东部地区在未出现新的支柱型产业作为替代产业时，相较于西部地区，其边际产业——劳动密集型产业仍具有一定的竞争优势。因此，学者所期盼的区域规模化产业转移现象并未成为现实。

我国对东部地区实施的率先发展战略就针对上述问题。首先，东部地区需提升企业自主创新的能动意识与积极性，出台确切政策鼓励高校、企业、科研院所进行长期有效的高质量合作，推动各层次、多领域的企业技术研发中心、企业工程技术中心、工程研究中心的创建，推进三者建立产、学、研、用一体化的互动网络合作关系。其次，相关政府部门应依凭可靠的信誉及组织优势，以龙头企业作为依托，以创新研究机构为核心，搭建产业共享关键技术的创新协作研发体系。最后，完善东部地区创新服务与企业创新孵化体系，打造综合性与专业性的企业孵化体系，形成一流、完善的企业创新孵化体系①。

二 产业路径：科学制定产业政策，完善区域合作体系

（一）扩大对外开放，积极发展与周边地区的经贸合作

高端制造业已成为国际新一轮产业转移的重中之重，就东北地区来讲，东北地区是我国主要的老工业基地之一，东北地区拥有鲜明的重工业基础优势，因此具有一定的承接基础。我国东北地区位居东北亚核心地区，其战略地位非同一般②。由于地理位置的特殊性，其注定将同东北亚其他国家产生密切的贸易往来关系。同时，我国振兴东北老工业基地等相关战略将为东北亚其他国家提供更宽泛的贸易合作空间，推进东北亚区域经贸的繁荣与发展。

就中部地区而言，拥有承东启西的独特区位优势以及要素禀赋，在国际新一轮产业转移和东部地区产业优化调整与升级的局势下，中部地区应借助提高对外与对内的开放程度，不断提升外资的利用水平，准确把握承接国际、国内产业转移的重要历史机会，成为我国实施中部崛起战略的关键支撑③。

西部地区位居我国边陲，拥有绵延的边境线。其中，我国的内蒙古、云南、西藏、新疆、广西五个边境省份与中亚、南亚以及俄罗斯等接壤。中国入世以后，同临近的西部接壤国家的经贸合作更加频繁，这使我国西部地区的对外开放性质与定位产生了实质性的变化，逐渐从开放的绝缘地转变为向西开放的先锋。这一转变对东

---

① 观点引自卢根鑫《国际产业转移论》，上海人民出版社，1997。
② 观点引自陈喜文、张强《对口帮扶：实现区域平衡发展的路径选择——以北京对口帮扶河北为例》，《开发研究》2018年第1期，第40~45页。
③ 观点引自刘红光、王云平、季璐《中国区域间产业转移特征、机理与模式研究》，《经济地理》2014年第1期，第102~107页。

部地区的企业来讲，向西部投资的目的与意义已不仅限于开发西部本身的市场和资源，还在于能令西部地区作为中间跳板，优先把握进入与西部相接壤的邻近国家市场的重要机会。由此，西部地区可坐享双边贸易的发展给其带来的海量机会与丰厚利益。另外，四川、贵州、云南、广西等西部省份作为"泛珠三角"经济区的一分子，应积极借助"泛珠三角"的区域合作机制，顺利承接珠江三角洲地区的产业转移①。

（二）整合资源促进产业集聚，形成与技术对接配套的产业链

以色列物理学家、企业管理顾问戈德拉特（Goldratt）总结出了约束理论，该理论强调"瓶颈"的局部环节，即产出率最低的部分限制了整个系统的产出水平，链条的薄弱点决定了其整体强度。经前文分析可知，落后地区的产业布局合理性欠佳，同时知识与技术密集型的高技术产业普遍是落后地区经济发展的软肋。我国区域间技术差异的显著性充分地满足并促进了产业在空间上的逐利行为，这同时也平衡了转出区与转入区之间的博弈关系。众所周知，高技术产业具有颇高的经济效益水平，该产业凭借其较大的市场规模、光明的发展前景、较快的增长速度给其他关联产业带来了深远影响。由此根据约束理论可知，高技术产业发展的薄弱水平制约着落后地区经济的总体水平。与此同时，落后地区高技术产业链偏短且处于低端，若直接借助产业转移来引入知识与技术密集型产业，则对落后地区而言将很难承接。因此，落后地区需借助产业集聚效应延伸高技术产业的价值链，并引导其向高端延伸②。

具体而言，落后地区应借助高技术产业聚集地创建区域产业特

---

① 观点引自杨国才《平衡区域发展：产业西移还是人口东迁》，《江西社会科学》2013年第 7 期，第 38~44 页。

② 观点引自高鸿鹰《工业集聚与区域经济发展不平衡：理论探讨和中国经验》，武汉大学博士学位论文，2005。

色鲜明、软硬件设施完备、专业分工合理细化、相关配套管理完善的产业集群。在高技术产业集群内，加强区域优势产业链的完善与延伸，鼓励相关企业沿其产业链往上下游扩张，同时推进处于产业链中的企业合作与交流，依托链合创新、竞合创新等的途径带动落后地区高技术产业链向高端不断延伸，持续优化落后地区创新资源的配置。同时，落后地区还应准确把握由"互联网＋"引致的产业革命，积极借助智能背景下信息化的先导作用，推动"互联网＋"与高技术产业的集聚，利用当下现代化的创新技术促进落后地区产业结构的优化与转型，从而舒缓落后地区资源空心化的状况。

三　微观路径：发挥优势企业作用，带动区域经济平衡充分发展

在中国市场经济体制下，企业是市场经济的微观基础，是最核心、关键的市场主体。同时，企业也是以实现利润最大化为经营目标的经济实体。伴随改革开放及市场化改革的不断推进，企业在市场中的主体地位得到了进一步强化，但企业在我国区域经济平衡充分发展中的市场主体地位还有待继续深化，应加强企业自身的主导作用，扭转政府等相关部门"一手抓"的区域经济发展模式，推动企业与政府一同主导区域经济的共进与发展。

（一）通过竞争推动企业整合资源自主研发，使资源流向优势企业

马克思认为，竞争使不同生产部门的利润率平均化为平均利润率，并由此使这些不同部门的产品的价值转化为生产价格。而这是通过资本从一个部门不断地转移到利润暂时高于平均利润的另一个部门来实现的。竞争机制并非独立存在的，它与价格涨跌以及供需关系息息相关，因此，竞争机制把控着劳动力、资金的流向，从而

使劳动力与资本在社会各部门的配置不断优化[1]。基于此，作为竞争优势尚不明显的落后地区，应妥善运用竞争机制，以实现要素禀赋的集聚。落后地区应减少企业的进退壁垒，激发更多中小企业的创新活力，使企业积极参与经济活动，不断实现落后地区市场的多层次化与产品的多样化。落后地区还应合理破除部分大型国有企业的长期垄断位置，整合相关龙头产业或拳头产品，提升自主创新的投入强度，利用龙头企业及拳头产品增强产业的资源集聚效应，使其逐渐显现落后地区的竞争优势及品牌优势。

（二）实施人才与企业进行双向选择机制，提高企业内部管理效率

落后地区应运用企业内部的竞争机制以实现人才、企业的双向对接，这是直接提升企业管理效率的有效途径，人才与企业的双向对接致使适合的高层次人才涌入企业，推动高层次人才合理分布，实现落后地区人力要素的优化配置，双方达成了匹配的结果，即员工的职业规划与企业的人力资源发展规划契合。双向竞争机制代替单项选择模式使落后地区企业配备了更专业的研发队伍，这大大削减了企业创新及研发活动的人力成本。人力资本的合理配置使落后地区在竞争活动中的优势油然而生，同时这也是企业未来聚集更多创新资源的高效路径[2]。

（三）支持民营企业发展，积极拓宽民营企业融资途径

改革开放 40 年以来，我国民营经济奋发图强，摆脱了先天发育不良及基础不牢等弱势。目前，民营经济已成长为我国经济的新增长点，顺利成为我国经济的重要组成成分。但落后地区民营企业在

---

① 观点引自冯俊新《产业充分发展与区域平衡发展关系辨析》，《中央社会主义学院学报》2018 年第 1 期，第 63 ~ 67 页。

② 观点引自于绯《异质性劳动力流动影响区域经济不平衡发展的理论机制综述》，《商业经济研究》2016 年第 19 期，第 130 ~ 133 页。

发展中依然面临较多问题，因此在服务机制上要侧重为落后地区民营企业提供更多保障，以促进落后地区民营企业活跃地发展，使社会资源得到更合理的配置。因此，落后地区相关部门在制定民营企业发展的相关政策的基础上，还要为民营企业拓宽融资渠道。具体手段主要有如下几点。其一，落后地区应适当提高银行等金融机构的信贷额度，以令其尽量满足落后地区民营企业发展的需要。落后地区应对银行等金融机构的贷款形式进行创新，使其形式不仅局限于有形资产的质押，还应尝试性地采用企业知识产权、发明专利等多种无形资产形式进行质押。其二，落后地区的银行等机构不能仅看到民营企业眼前风险较大的弊端，同时还要留意其今后巨大的发展前景。落后地区金融机构应围绕民营企业的特点，开发与创造多层次、多领域、多元化的信贷产品以供民营企业选用。其三，落后地区相关部门应鼓舞有前景、有资格的民营企业适当发行债券或创新型金融产品来筹得资金，带领有条件的民营企业积极参与到银行间的债券市场中。

第三节 政策保障

政府只有通过科学的量化标准制定并实施科技扶持政策，才能摆正自身位置，以更好地摆脱市场失灵与机制盲区，从而为区域经济平衡充分发展保驾护航。

一 合理打破垄断行业，形成公平竞争的市场环境

伴随中国改革开放的深入发展以及市场机制的确立与完善，我国不同区域间公平竞争的大环境已基本形成。但值得我们注意的是，在开放程度不高的落后地区，部分行业壁垒、地方性保护、大企业

垄断现象比比皆是，这严重影响了市场机制的有效运行，阻碍了其创新资源配置作用的合理发挥。落后地区威胁市场公平的现象引得质疑声不断，市场主体迫切要求政府部门转变传统发展理念，进一步冲破垄断的束缚。政府部门应合理拒绝使用短期经济救助的方式来帮扶企业发展。政府部门应着眼于建立并完善市场公平机制的相关审查制度，提升服务效率，削减制度性交易成本。与此同时，在以战略性新兴产业为引擎的前提下，落后地区将大量资本逐渐迁移至被打破的垄断的潜力行业。通过垄断行业的逐步开放，落后地区不断完善其产权交易市场，创建全国性的创新资源信息交流平台。此时，市场机制与外部环境的完善定会吸引创新资源的集聚与优势企业的入驻，落后地区消费需求激增指日可待，在相对自由竞争的大背景下，落后地区的经济活力被进一步充分释放[1]。

二　推动外部性内部化，发展循环经济与低碳经济

国际发达地区的发展经验告诉我们，发展循环经济与低碳经济是当下提升创新资源利用效率的必由之路。发展经验显示，自然资源的过度开采与不合理配置势必带来自然环境的负外部性，我国落后地区切不可盲目地追求高速的经济发展，而忽视环境的承受能力。英国经济学家庇古（Pigou）推崇的"政府干预"理论及科斯（Coase）所主张的产权定理为上述问题的解决提供了理论基础。在经济的实际运行中，令外部性合理实现内生化，与政府的引导密不可分。政府部门有必要借助一系列相关制度与政策，来健全与完善落后地区自然环境外部性内生化的制度体系，有效约束市场的个体不当行为。

具体做法如下。其一，在我国发展绿色经济的大环境下，培养

---

① 观点引自张楠《京津冀协同发展下产业转移研究》，吉林大学硕士学位论文，2017。

市场个体的绿色意识、低碳意识至关重要，把握相关政策的使用力度，倒逼生产型耗能企业走一条"资源—产品—再生资源"的循环发展之路。其二，对引致自然环境负外部性的相关企业追究责任，对其征收等级税费，利用征收不同等级的税费途径来削减企业对环境造成负外部性的频次，用合理的税收制度约束企业排放废弃物，减轻环境的承载压力。相关部门将征得的税费投入环境改善与生态恢复中[①]。其三，对于第二产业占比较高的落后地区，应陆续裁减倒退的产能，创建合理的对称性补偿机制，促使落后地区借助区域比较优势，促进节约型能源生产与多元化消费结构的循序演进，保护落后地区的绿水青山，营造良好的发展环境，以吸引创新资源集聚。

三 保障落后地区创新资源整合共享的权益秩序

落后地区应积极借鉴上海、北京等高梯度地区颁布的推动创新资源共享的相关法规，在考虑自身发展状况的基础上，出台合理的政策以为落后地区创新资源整合提供有效保障，令落后地区的创新资源在共享过程中有可依照的法律，使其运行有据可依。落后地区亟待借助相关法律法规来有效破除创新资源封闭、分散、效率偏低等由空心化所衍生出来的弊病。法规政策的出台可促进落后地区创新资源有机整合，大大削减区域创新活动的成本，点燃区域创新的热情，提升创新资源配置的效率。同时，落后地区还务必要兼顾知识产权保护与创新资源共享二者间的关系，在积极推进创新资源共享过程中，应做好创新资源所有者的知识产权维护工作。落后地区要强化知识产权保护意识，制定并实施以专利、技术、标准为重点的知识产权保护策略，加快知识产权产业化发展历程。与此同时，落后地区要健全与技术、专利、知识产权等相关的法规，重点帮扶

---

① 观点引自胡蓓蓓、董现垒、许英明《中国绿色贸易发展区域差异及空间不平衡性研究》，《东岳论丛》2019 年第 2 期，第 85~93、192 页。

具有独立知识产权的优势企业，使落后地区逐渐创建以企业为主体、政府主导，其他创新主体协同参与的知识产权服务功能体系，来保障落后地区创新资源整合与共享的权益，提升创新资源整合与共享的效率。

四　借助知识技术转移，实现资源的共享与技术对接

经前文分析可知，落后地区普遍存在由于环境的落后以及技术的滞后等原因，致使新兴产业转化发生障碍，造成落后地区产业普遍单一化的特征，这逐渐使落后地区丧失了先前的竞争优势。基于此，本节认为有必要借助知识技术的转移来实现落后地区资源的整合与技术的对接。

（一）建立创新网络资源体系，实现供需双方的高效对接

落后地区由于地域或其他条件的限制导致创新网络体系的构建滞后，当前该地区亟待利用各类现代化的信息及技术途径，构建完善的创新网络资源体系，以破除落后地区创新资源空心化的状态。创新网络资源体系主要对地区的创新资源进行科学整合、编码、发布，以有效解决供需双方间信息不对称的痛点。具体而言，创新网络资源体系对区域的自然科技资源、贵重仪器设备资源、技术信息资源、数据文献资源实施统筹归纳，将收集的创新资源进行有效管理，并对相关创新资源信息进行有序发布，进而形成体系完备、开放程度较高的创新资源服务平台[①]。同时，共享的网络体系的创建使落后地区乃至全国的企业、高校、政府及科研部门等创新资源的供需双方能高效对接，迅速、准确地取得创新资源的必要信息，从而实现落后地区创新资源的高效配置。例如，落后地区可创建知识创新资源共享平台或创新技术咨询服务平台等，使市场供需双方更快

---

① 　观点引自李雯睿《经济地理与区域经济增长》，中央财经大学博士学位论文，2017。

速、更便捷地获取创新资源信息，充分加快创新资源在落后地区的流速。

（二）打破产学研合作模式的功能边界，建立多样化创新共同体模式

落后地区的高校、企业及科研部门普遍存在主体认识的差异化、创新资源的分散化、创新体系断裂化、组织部门的惯性化弊病，这成为落后地区创新资源创造经济增长点的主要障碍。落后地区亟待以完善技术入股、期权、股权等多类型的激励机制为导向，以产权为纽带促进落后地区高校、企业及科研院所将稀缺的创新资源进行集聚与共享，加强相互间的产学研合作。但目前来看，高校、企业及科研机构由于机制与体制壁垒的存在，产学研的交流与合作缺少多种机制的支撑与高效的利益互动，三者间创新资源呈碎片化分布，创新方向及力量分散严重，因此直接导致落后地区高层次的科技成果转化率偏低，这极大地影响了落后地区产学研协同创新的层次和质量。基于此，落后地区十分有必要对本土的创新主体特别是优势企业进行重新定位，合理打破各类创新主体的组织惯性，拆除各类创新主体的边界，创建优势企业主导，且多产权共存的多层次、多元化的创新共同体模式。该模式较先前的产学研合作模式而言具有鲜明的优势，即该模式下的创新主体边界正潜移默化地相互渗透与融合①。在创新交流与合作过程中，既保留了本身的特色，同时也在合作中衍生出混合型的组织形式，例如，落后地区的科研机构利用技术入股创建衍生企业，并与其他关联企业建立长期的共赢机制，通过创新共同体模式对企业的共性技术展开联合研发，以达到创新资源互补、提升产业关联度及优化创新主体资源配置的目的。

---

① 观点引自刘贯春、张晓云、邓光耀《要素重置、经济增长与区域非平衡发展》，《数量经济技术经济研究》2017 年第 7 期，第 35～56 页。

参考文献

［1］ 卞恒沁：《日本制造业海外转移与产业空心化规避对策与启示》，《新西部》（理论版）2017 年第 3 期，第 139～140 页。

［2］ 蔡昉、都阳、王美艳：《人口转变新阶段与人力资本形成特点》，《中国人口科学》2001 年第 2 期，第 19～24 页。

［3］ 蔡之兵、张可云：《区域政策叠罗汉现象的成因、后果及建议》，《甘肃行政学院学报》2014 年第 1 期，第 93～103、126 页。

［4］ 曹雷、程恩富：《加快向充分自主型经济发展方式转变——基于经济全球化视野的审思》，《毛泽东邓小平理论研究》2013 年第 8 期，第 26～32、92 页。

［5］ 陈蕊：《区域产业梯度转移调控研究》，合肥工业入学博士学位论文，2008。

［6］ 成祖松：《我国区域产业转移粘性的成因分析：一个文献综述》，《经济问题探索》2013 年第 3 期，第 183～190 页。

［7］ 程栋：《中国区域经济政策工具创新：理论与实践》，《贵州社会科学》2016 年第 4 期，第 120～126 页。

［8］ 程启智、李华：《区域经济非平衡发展的内在机理分析》，《经济纵横》2013 年第 5 期，第 64～68 页。

［9］ 程启智、汪剑平：《区域经济非平衡发展：表现形式、根源与分析框架》，《江西社会科学》2009 年第 10 期，第 68～74 页。

[10] 邓仲良、张可云：《产业政策有效性分析框架与中国实践》，《中国流通经济》2017 年第 10 期，第 89～99 页。

[11] 方大春：《后发优势理论与后发优势转化》，《生产力研究》2008 年第 17 期，第 21～23 页。

[12] 冯俊诚、张克中：《区域发展政策下的政府规模膨胀——来自西部大开发的证据》，《世界经济文汇》2016 年第 6 期，第 58～74 页。

[13] 冯南平、杨善林：《产业转移对区域自主创新能力的影响分析——来自中国的经验证据》，《经济学动态》2012 年第 8 期，第 70～74 页。

[14] 高鸿鹰：《工业集聚与区域经济发展不平衡：理论探讨和中国经验》，武汉大学博士学位论文，2005。

[15] 高孝伟、孔锐、周晓玲：《中国省域经济发展潜力综合评价》，《资源与产业》2014 年第 6 期，第 93～99 页。

[16] 龚六堂、谢丹阳：《我国省份之间的要素流动和边际生产率的差异分析》，《经济研究》2014 年第 1 期，第 45～53 页。

[17] 顾乃华、朱卫平：《产业互动、服务业集聚发展与产业转移政策悖论——基于空间计量方法和广东数据的实证研究》，《国际经贸探索》2010 年第 12 期，第 28～34 页。

[18] 关爱萍、魏立强：《区际产业转移对区域经济增长影响的空间计量分析——基于中西部地区的实证研究》，《统计与信息论坛》2013 年第 11 期，第 55～60 页。

[19] 郭将：《区域后发优势形成的技术和制度支持》，同济大学博士学位论文，2006。

[20] 郭丽：《区域后发优势实现机制研究》，吉林大学博士学位论文，2008。

[21] 郭连成、徐雅雯、王鑫：《国际产业转移与美国和欧盟产业结

构调整》，《财经问题研究》2012年第10期，第97～103页。

[22] 郭腾云、徐勇、杨国安：《区域发展政策与区域经济增长空间收敛》，《中国科学院研究生院学报》2006年第1期，第91～96页。

[23] 韩磊：《中国金融资源配置对区域创新能力的影响机制与效应研究》，辽宁大学博士学位论文，2018。

[24] 郝铖文：《创新资源配置对中国区域创新驱动影响研究》，华北水利水电大学硕士学位论文，2018。

[25] 何平、陈丹丹、贾喜越：《产业结构优化研究》，《统计研究》2014年第7期，第31～37页。

[26] 侯高岚：《后发优势理论分析与经济赶超战略研究》，中国社会科学院研究生院博士学位论文，2003。

[27] 胡蓓蓓、董现垒、许英明：《中国绿色贸易发展区域差异及空间不平衡性研究》，《东岳论丛》2019年第2期，第85～93、192页。

[28] 江飞涛、李晓萍：《直接干预市场与限制竞争：中国产业政策的取向与根本缺陷》，《中国工业经济》2010年第9期，第26～36页。

[29] 姜大芹：《新世纪以来日本国际产业转移及其影响分析》，吉林大学硕士学位论文，2013。

[30] 蒋永穆、周宇晗：《着力破解经济发展不平衡不充分的问题》，《四川大学学报》（哲学社会科学版）2018年第1期，第20～28页。

[31] 金凤花、富立友、钟伟：《都市圈创新能力极化发展实证研究》，《科技进步与对策》2013年第10期，第37～41页。

[32] 金凤君、陈明星：《"东北振兴"以来东北地区区域政策评价研究》，《经济地理》2010年第8期，第1259～1265页。

[33] 靳来群、胡善成、张伯超：《中国创新资源结构性错配程度研究》，《科学学研究》2019年第3期，第545～555页。

[34] 瞿忠琼、欧名豪、厉伟：《劳动力二元结构、产业国际转移障碍与中国对外政策选择》，《经济地理》2007年第5期，第730~732、746页。

[35] 李传松：《产业转移视角下的区域协调发展机制与对策研究》，中共中央党校博士学位论文，2018。

[36] 李欢：《区际产业转移对欠发达地区区域创新系统影响研究》，哈尔滨工程大学博士学位论文，2017。

[37] 李晓阳、赵宏磊、王思读：《产业转移对中国绿色经济效率的机遇和挑战——基于人力资本的门槛回归》，《现代经济探讨》2018年第9期，第71~78、89页。

[38] 李迎旭：《日本对亚洲产业转移问题研究》，吉林大学博士学位论文，2012。

[39] 李勇军：《京津冀协同发展政策网络形成机制与结构研究》，《经济经纬》2018年第6期，第8~14页。

[40] 林毅夫、张鹏飞：《后发优势、技术引进和落后国家的经济增长》，《经济学》（季刊）2005年第4期，第53~74页。

[41] 刘红光、王云平、季璐：《中国区域间产业转移特征、机理与模式研究》，《经济地理》2014年第1期，第102~107页。

[42] 刘强：《统筹城乡涉农投融资体制改革的实证分析——以成都市为例》，《农村经济》2013年第2期，第72~74页。

[43] 刘生龙、王亚华、胡鞍钢：《西部大开发成效与中国区域经济收敛》，《经济研究》2009年第9期，第94~105页。

[44] 卢根鑫：《国际产业转移论》，上海人民出版社，1997。

[45] 陆铭、向宽虎：《破解效率与平衡的冲突——论中国的区域发展战略》，《经济社会体制比较》2014年第4期，第1~16页。

[46] 吕剑凤：《京津冀协同发展下天津承接产业转移的研究》，首都经济贸易大学硕士学位论文，2018。

[47] 罗浩：《区域经济平衡发展与不平衡发展的动态演变》，《地理与地理信息科学》2006 年第 3 期，第 65~69 页。

[48] 马永红、李欢、王展昭：《区际产业转移与区域创新系统耦合研究——基于系统动力学的建模与仿真》，《科技进步与对策》2015 年第 1 期，第 29~35 页。

[49] 毛汉英：《京津冀协同发展的机制创新与区域政策研究》，《地理科学进展》2017 年第 1 期，第 2~14 页。

[50] 孟勐：《后发经济体技术赶超研究》，吉林大学博士学位论文，2017。

[51] 孟祥林：《区域经济发展不平衡：一般分析与对策研究》，《经济体制改革》2005 年第 2 期，第 106~110 页。

[52] 乔林生：《日本对外政策与东盟》，人民出版社，2006。

[53] 阮氏明月：《中国区域发展政策及其对越南区域发展的影响和借鉴》，华东师范大学博士学位论文，2014。

[54] 桑瑞聪、刘志彪、王亮亮：《我国产业转移的动力机制：以长三角和珠三角地区上市公司为例》，《财经研究》2013 年第 5 期，第 99~111 页。

[55] 沈坤荣、马昀：《高新技术产业发展与经济增长——南京市高新技术产业发展研究》，《科技与经济》2002 年第 5 期，第 1~4 期。

[56] 沈坤荣、唐文健：《大规模劳动力转移条件下的经济收敛性分析》，《中国社会科学》2006 年第 5 期，第 46~57 页。

[57] 苏华、夏蒙蒙：《产业转移动因及分析框架研究综述》，《合作经济与科技》2014 年第 13 期，第 21~23 页。

[58] 孙久文、张可云、安虎森、贺灿飞、潘文卿：《"建立更加有效的区域协调发展新机制"笔谈》，《中国工业经济》2017 年第 11 期，第 26~61 页。

[59] 汤婧、于立新：《我国对外直接投资与产业结构调整的关联分析》，《国际贸易问题》2012 年第 11 期，第 42 ~ 49 页。

[60] 汤明、周德志、高培军、张蔚平：《环境伦理视阈下的中部地区政府关于承接产业转移政策的缺失分析》，《经济地理》2014 年第 9 期，第 118 ~ 123 页。

[61] 汤学兵、陈秀山：《我国八大区域的经济收敛性及其影响因素分析》，《中国人民大学学报》2007 年第 1 期，第 106 ~ 113 页。

[62] 涂英柯：《河北沿海地区经济发展的公共政策支持体系研究》，燕山大学硕士学位论文，2013。

[63] 王成城、韦守明、李红梅：《基于扎根理论的中国空间极化定量研究现状分析》，《华东经济管理》2017 年第 5 期，第 168 ~ 175 页。

[64] 王海兵：《产业转型升级的过程、特征与驱动要素——美国经验与启示》，《河北科技大学学报》（社会科学版）2018 年第 1 期，第 9 ~ 16 页。

[65] 王海兵、杨蕙馨：《创新驱动与现代产业发展体系——基于我国省际面板数据的实证分析》，《经济学》（季刊）2016 年第 4 期，第 1351 ~ 1386 页。

[66] 王志勇、陈雪梅：《产业升级政策的有效性研究——以广东"双转移"战略为例》，《城市发展研究》2014 年第 9 期，第 69 ~ 76 页。

[67] 魏后凯、赵勇：《深入实施西部大开发战略评估及政策建议》，《开发研究》2014 年第 1 期，第 1 ~ 7 页。

[68] 席玉丛：《国际产业转移与美国和欧盟产业结构调整》，《商》2015 年第 24 期，第 246 页。

[69] 夏旺、魏君英：《湖北省区域经济差异及平衡路径实证分析》，《合作经济与科技》2018 年第 24 期，第 44 ~ 45 页。

[70] 徐宏毅、黄岷江、胡苏杭：《基于政策工具视角的金融业 FDI 政策的绩效研究》，《管理世界》2018 年第 9 期，第 174～175 页。

[71] 徐康宁、韩剑：《中国区域经济的"资源诅咒"效应：地区差距的另一种解释》，《经济学家》2005 年第 6 期，第 96～102 页。

[72] 杨本建、毛艳华：《产业转移政策与企业迁移行为——基于广东产业转移的调查数据》，《南方经济》2014 年第 3 期，第 1～20 页。

[73] 杨国才：《平衡区域发展：产业西移还是人口东迁》，《江西社会科学》2013 年第 7 期，第 38～44 页。

[74] 杨庆育：《我国西部开发政策轨迹及其效应》，《改革》2016 年第 5 期，第 6～24 页。

[75] 叶振宇：《"十二五"我国国家产业转移政策的特征、重点与趋势》，《发展研究》2012 年第 10 期，第 71～73 页。

[76] 尹翔硕、徐建斌：《论落后国家的贸易条件、比较优势与技术进步》，《世界经济文汇》2002 年第 6 期，第 14～26 页。

[77] 于绯：《异质性劳动力流动影响区域经济不平衡发展的理论机制综述》，《商业经济研究》2016 年第 19 期，第 130～133 页。

[78] 余明桂、范蕊、钟慧洁：《中国产业政策与企业技术创新》，《中国工业经济》2016 年第 12 期，第 5～22 页。

[79] 余泳泽：《我国技术进步路径及方式选择的研究述评》，《经济评论》2012 年第 6 期。

[80] 袁境：《西部承接产业转移与产业结构优化升级研究——以四川为例》，西南财经大学博士学位论文，2012。

[81] 曾荣平、彭继增：《长江经济带梯度开发开放与产业转移的对策研究——基于产业梯度的实证》，《科技管理研究》2015 年第 24 期，第 152～157 页。

[82] 张海涛、侯奇华、蒋翠侠：《基于安徽省各地市面板数据的产业转移对承接地自主创新能力影响分析》，《阜阳师范学院学

报》（自然科学版）2018 年第 3 期，第 28～35 页。

[83] 张建伟、苗长虹、肖文杰：《河南省承接产业转移区域差异及影响因素》，《经济地理》2018 年第 3 期，第 106～112 页。

[84] 张杰：《国家的意愿、能力与区域发展政策选择——兼论西部大开发的背景及其中的政治经济学》，《经济研究》2001 年第 3 期，第 69～74 页。

[85] 张景明：《欠发达地区承接区际产业转移的创新效应研究》，哈尔滨工程大学博士学位论文，2014。

[86] 张楠：《京津冀协同发展下产业转移研究》，吉林大学硕士学位论文，2017。

[87] 张云：《基于全球价值链的国际产业转移研究》，武汉理工大学博士学位论文，2011。

[88] 张兆同：《产业转移政策有效性研究》，《现代经济探讨》2011 年第 10 期，第 9～12 页。

[89] 赵晶晶：《区域产业政策的制度基础、实施路径与效果测度研究》，南开大学博士学位论文，2012。

[90] 赵为罡：《承接产业转移对产业结构优化效应研究——基于安徽省面板数据分析》，安徽大学硕士学位论文，2018。

[91] 郑直：《国际产业转移与我国的产业政策研究》，西南财经大学硕士学位论文，2014。

[92] 周寄中、胡志坚、周勇：《在国家创新系统内优化配置科技资源》，《管理科学学报》2002 年第 3 期，第 40～49 页。

[93] 周密：《我国创新极化现象的区域分布与极化度比较》，《当代经济科学》2007 年第 1 期，第 78～82 页。

[94] 周帅：《美国和日本的产业空心化问题研究》，辽宁师范大学硕士学位论文，2015。

[95] 周玉龙、孙久文：《论区域发展政策的空间属性》，《中国软科

学》2016 年第 2 期，第 67～80 页。

［96］朱云飞、朱海涛、王鑫鑫：《京津冀协同发展背景下河北承接产业转移的财政政策研究》，《河北工业大学学报》（社会科学版）2014 年第 3 期，第 8～13、19 页。

［97］祖强、肖平：《世界产业结构调整和发展中国家主导产业的更替》，《江苏行政学院学报》2001 年第 4 期，第 60～64 页。

［98］Anselin L. , "The Future of Spatial Analysis in the Social Sciences," *Geographic Information Science*, 1999, 5（2）: 67 - 76.

［99］Antonio K. W. , "Regional Innovation System Absorptive Capacity and Innovation Performance: An Empirical Study," *Original Research Article Technological Forecasting and Social Change*, 2015, 92: 99 - 114.

［100］Aoki S. , "A Simple Accounting Framework for the Effect of Resource Misallocation on Aggregate Productivity," *Journal of the Japanese & International Economies*, 2012, 26（4）: 473 - 494.

［101］ASEAN, Regional Trends in Economic Integration, Export Competitiveness and Inbound Investment for Selected Industries, Investigation No. 332 - 511, USITC Publication 4176, August 2010.

［102］Branstetter L. , "Is Foreign Direct Investment a Channel of Knowledge Spillovers? Evidence from Japan's FDI in the United State," *Journal of International Economics*, 2000, 68（2）: 325 - 344.

［103］Capello R. , Lenzi C. , "Spatial Heterogeneity in Knowledge, Innovation, and Economic Growth Nexus: Conceptual Reflections and Empirical Evidence," *Journal of Regional Science*, 2014, 54（2）: 186 - 214.

［104］Carayannis E. G. , "Assessing the Value of Regional Innovation Networks," *Journal of the Knowledge Economy*, 2010, 1（1）: 48 - 66.

[105] Castellacci F. , Natera J. M. , "The Dynamics of National Innovation Systems: A Panel Cointegration Analysis of the Coevolution between Innovative Capability and Absorptive Capacity," *Research Policy*, 2013, 42 (3): 579 – 594.

[106] Cooke P. , "Regional Innovation Systems: General Findings and Some New Evidence from Biotechnology Clusters," *Journal of Technology Transfer*, 2002, 27 (1): 133 – 145.

[107] Duning J. H. , Lundan S. M. , "The Geographical Sources of Competitiveness of Multinational Enterprises: An Econometric Analysis," *International Business Review*, 1998 (7): 115 – 133.

[108] Ferretti M. , Madeo A. , Dell'Isola F. et al. , "Modeling the Onset of Shear Boundary Layers in Fibrous Composite Reinforcements by Second-gradient Theory," *Zeitschrift Für Angewandte Mathematik Und Physik*, 2014, 65 (3): 587 – 612.

[109] Gerchenkron A. , *Economic Backwardness in Historical Perspective* (Cambridge, Mass. : Harvard University Press, 1962): 120 – 176.

[110] Gereffi G. , "International Trade and Industrial Upgrading in the Apparel Commodity Chain," *Journal of International Economics*, 1999 (48): 37 – 70.

[111] Grether J. , Mathys N. , "Is the World's Economic Centre of Gravity Already in Asia," *Area*, 2010, 42 (1): 47 – 50.

[112] He Ju-xiang, Gong Xue, Wang Shou-yang, "Causality Relationship between the US-China Trade Balance and the US and Japan Direct Investment in China," *Systems Engineering—Theory& Practice*, 2009, 29 (6): 6 – 18.

[113] Hyungseok Y. , "Entrepreneurship in East Asian Regional Innovation Systems: Role of Social Capital," *Original Research Article*

Technological Forecasting and Social Change, 2015, 100: 83 – 95.

[114] Kodama F. , Suzuki J. , "How Japanese Companies Have Used Scientific Advances to Restructure Their Businesses: The Receiver-Active National System of Innovation," *World Development*, 2007, 35 (6): 976 – 990.

[115] Lagendijk A. , Cornford J. , "Regional Institutions and Knowledge-tracking New Forms of Regional Development Policy," *Geoforum*, 2000, 31 (2): 209 – 218.

[116] Lewis, W. A. , "The State of Development Theory," *The American Economic Review*, 1984 (74): 1 – 10.

[117] Miernyk W. H. , "Resource Constraints and Regional Development Policy," *Atlantic Economic Journal*, 1979, 7 (3): 16 – 24.

[118] Mohnen P. , DeBresson et al. , "Explaining and Estimating Propensities to Innovate in China in 1993," The 14th International Conference on Input-Output Techniques at Montreal Canada, 2002, Part Four: 1 – 37, Part Five: 1 – 32.

[119] Paez A. , "Anisotropic Variance Functions in Geographically Weighted Regression Models ," *Geographical Analysis*, 2004, 36 (4): 299 – 314.

[120] Peter Gourevitch, Roger Bohn, D. Mckendrick, "Globalization of Production : Insights from the Hard Disk Drive Industry," *World Development*, 2008, 18 (2): 301 – 317.

[121] Q. Zhang, B. Felmingham, "The Role of FDI, Exports and Spillover Effects in the Regional Development of China," *Journal of Development Studies*, 2002, 38 (4): 157 – 178.

[122] Rodrik D. , "Industrial Policy for the Twenty-First Century," Cepr Discussion Papers, 2004.

[123] Samara E. , Georgiadis P. , Bakourose I. , "The Impact of Innovation Policies on the Performance of National Innovation System: A System Dynamics Analysis, " *Technovation*, 2010, 32 (11): 624 – 638.

[124] Shenoy A. , "Regional Development through Place-based Policies: Evidence from a Spatial Discontinuity," *Journal of Development Economics*, 2018, 130: 173 – 189.

[125] Theresa M. , Greaney, Yao Li, "Assessing Foreign Direct Investment Relationships between China, Japan, and the United States," *Journal of Asian Economics*, 2009, 20: 611 – 625.

[126] Tirado D. , Minguela A. , Galarrage J. , "Regional Inequality and Economic Development in Spain, 1860 – 2010," *Journal of Historical Geography*, 2016, 54: 87 – 98.

[127] Vernon, R. , "International Investment and International Trade in the Product Cycle," *The Quarterly Journal of Economics*, 1996: 190 – 207.

[128] William Fuchs, Brett Green, Dimitris Papanikolaou, "Adverse Selection, Slow-moving Capital, and Misallocation," *Journal of Financial Economics*, 2016, 120 (2): 286 – 308.

[129] Zhao Z. , Stough R. , N. Li, "Note on the Measurement of Spatial Imbalance," *Geographical Analysis*, 2003, 35 (2): 170 – 176.

[130] Zhou D. , "Impact of Servization on Manufacturing Industry Transformation and Upgrading," *World Economy Study*, 2013.

[131] Zhou Xing, Zhang Ming, Zhou Meihua, Zhou Min, "A Comparative Study on Decoupling Relationship and Influence Factors between China's Regional Economic Development and Industrial Energy-related Carbon Emissions," *Journal of Cleaner Production*, 2017 (142): 783 – 800.

图书在版编目(CIP)数据

产业转移与区域经济平衡/张肃,黄蕊著. -- 北京:
社会科学文献出版社,2019.10(2025.7重印)
ISBN 978 - 7 - 5201 - 5356 - 0

Ⅰ.①产… Ⅱ.①张… ②黄… Ⅲ.①产业转移 - 关
系 - 区域经济发展 - 研究 - 中国 Ⅳ.①F127

中国版本图书馆 CIP 数据核字(2019)第 171863 号

产业转移与区域经济平衡

著 者 / 张 肃 黄 蕊

出 版 人 / 冀祥德
责任编辑 / 高 雁
文稿编辑 / 王春梅
责任印制 / 岳 阳

出 版 / 社会科学文献出版社·经济与管理分社 (010)59367226
地址:北京市北三环中路甲 29 号院华龙大厦 邮编:100029
网址:www.ssap.com.cn
发 行 / 社会科学文献出版社 (010)59367028
印 装 / 河北虎彩印刷有限公司

规 格 / 开本:787mm × 1092mm 1/16
印张:13.75 字数:177 千字
版 次 / 2019 年 10 月第 1 版 2025 年 7 月第 2 次印刷
书 号 / ISBN 978 - 7 - 5201 - 5356 - 0
定 价 / 128.00 元

读者服务电话:4008918866